Bright Galaxies, Dark Matter, and Beyond
The Life of Astronomer Vera Rubin

发现暗物质

——薇拉·鲁宾的突破之路

［美］艾希莉·让·耶格尔（Ashley Jean Yeager）　著

廖振玄　译

中国科学技术出版社

·北　京·

图书在版编目（CIP）数据

发现暗物质：薇拉·鲁宾的突破之路 /（美）艾希莉·让·耶格尔著；廖振玄译 . -- 北京：中国科学技术出版社，2024.7. -- ISBN 978-7-5236-0844-9

Ⅰ. K837.126.11

中国国家版本馆 CIP 数据核字第 20243P0T70 号

著作权合同登记号：01-2022-6320

策划编辑	王晓义
责任编辑	付晓鑫
封面设计	郑子玥
正文设计	中文天地
责任校对	吕传新
责任印制	徐 飞

出　　版	中国科学技术出版社
发　　行	中国科学技术出版社有限公司
地　　址	北京市海淀区中关村南大街 16 号
邮　　编	100081
发行电话	010-62173865
传　　真	010-62173081
网　　址	http://www.cspbooks.com.cn

开　　本	880mm×1230mm　1/32
字　　数	169 千字
印　　张	6.875
版　　次	2024 年 7 月第 1 版
印　　次	2024 年 7 月第 1 次印刷
印　　刷	河北鑫兆源印刷有限公司
书　　号	ISBN 978-7-5236-0844-9 / K·405
定　　价	68.00 元

献给达西（D'Arcy）、艾拉（Ella）和所有梦想成为科学家的女孩。

目 录
CONTENTS

前　　言

一转眼，天文学家薇拉·鲁宾（Vera Rubin）消失在视野中。望远镜圆顶的阴影吞没了她沙漏般的身躯。她迅捷地走了几步，抓住楼梯扶手爬了上去。在楼梯顶部，她摸索着找到门把手，推了推，但纹丝不动。接着，她像一个橄榄球运动员那样降低重心，对准铰链连接的金属块，用臀部将其撞开。

一阵凉爽的风扑面而来，随即她眨了眨眼向上望去。她由东向西扫视天空，仿佛在寻找着过去60年来她所研究的星系发出的微弱光芒。在基特峰美国国家天文台2.1米望远镜的走道上，她昂着头，慢慢地朝另一扇门走去。薇拉品味着寂静，享受着星光。

2007年11月一个凉爽的夜晚，接近傍晚6点，薇拉和她的长期合作者、天文学家黛德丽·亨特（Deidre Hunter）即将唤醒望远镜，并将其转向天空。她们计划将这个观天巨眼对准两个旋涡星系（spiral galaxy）：NGC 801和UGC 2885（宇宙中最大的旋涡星系之一）[1]。在看了一会儿星空后，薇拉的身影再次被黑暗的圆顶吞没。她像过去的数十次那样，穿过它走回了控制室。她摘下帽子和手套，理了理短短的白发，戴上猫头鹰眼镜，坐了下来。当巨大的金属门打开时，外面发出低沉的声音，望远镜的镜盖被有序地移开，这使高反射度的望远镜镜片在每晚观测星空前得到保护。

一阵沉默后，薇拉和黛德丽按动按钮，同时翻阅着观测日志和笔记本，并不断检查着望远镜。大约半小时后，薇拉说："比起 1980 年我观测的时候，这些星系离我们又更遥远了一些。"

在 1980 年前后，薇拉和她的同事一直尝试在旋涡星系的最边缘寻找恒星，并测量恒星的速度[2]。恒星围绕星系旋转的速度提供了关于星系结构和组成的信息。它们是揭示星系形状及其质量的重要线索。薇拉从研究生时期起就对星系很感兴趣。大约 10 年后的 20 世纪 60 年代，她开始研究我们星系的近邻——仙女星系（Andromeda Galaxy）的恒星和热气体时，发现了一些奇怪的现象。几乎所有的恒星和气体都以大致相同的速度围绕旋涡星系的核心运动。远离旋涡星系中心的恒星和热气体的运动速度则比她所预期的要快得多[3]。

薇拉不确定是什么原因导致了看到的这些现象。这些数据似乎违反了物理学的定律。天文学家一度认为在旋涡星系中，恒星和气体围绕星系中心的旋转会类似于行星环绕太阳的运动：距离最近的天体运动最快，而远离恒星引力场的则运动较慢。许多天文学家认为，旋涡星系中的恒星应该会表现出类似的行为：离星系核较近的恒星的运动速度会比远离核的恒星速度要快得多。但是薇拉观测到的事实并非如此。相反，仙女星系的最外层恒星的运动速度与靠近星系核的恒星速度几乎一样快——这是非常奇怪的现象。

薇拉并不是唯一观测到星系中恒星和气体的行为与预期不符的人。在射电（radio）波段研究宇宙的射电天文学家也观测到了星系气体超出预期的快速运动。

大自然似乎要求天文学家重新思考宇宙的内容。

为了解释薇拉和其他人观测到的恒星与气体的快速运动，宇宙需要包含更多的物质。天文学家不知道那是什么，也不知道它们究竟在何处，但高速运行的恒星和气体表明，某种形式的额外物质确实存在于宇宙中。它们被称为暗物质（dark matter）。暗物质的存在是对 20 世纪二三十年代的部分天文学家的认可：他们率先注意到，对于星系中的恒星以及星系团中的星系，它们的运动速度并不遵循牛顿的万有引力定律——相比于万有引力定律的预期，它们的运动速度要快得多。为了解释银河系中恒星的高速运动，荷兰天文学家扬·奥尔特（Jan Oort）在 20 世纪 20 年代曾提出，在我们的星系中，可能存在暗物质在牵引着恒星运行。数年之后，美国加州理工学院的天文学家弗里茨·兹维基（Fritz Zwicky）也提出，星系需要额外的质量。如果没有额外的质量，后发星系团（Coma cluster）——由距离地球约 3.22 亿光年处的 1000 多个星系组成——应该会趋于解体。然而，这与天文学家的观测相悖：后发星系团中的星系很好地结合在一起。第二次世界大战爆发之际，美国加州大学伯克利分校的研究生霍勒斯·巴布科克（Horace Babcock）曾对几十年后薇拉研究的这个仙女星系进行了相关的观测，也发现了暗物质存在的迹象：仙女星系可能需要一些额外的物质，才能够解释恒星围绕星系核心的高速运行。总之，研究表明，宇宙有可能不是表面上"看"起来的那样，宇宙需要更多的物质。那些指向额外物质的线索未能引起大多数天文学家的重视，因此暗物质存在的迹象同样被忽视了。

更多有关暗物质存在的证据于 20 世纪五六十年代出现，来自射电天文学家。薇拉应运而生，她参考了奥尔特的工作，计算出银河系中恒星的运动速度超出了万有引力定律的预期。用望远镜对准仙女星系时，她和肯特·福特（Kent Ford）看到了同样的现象。射电天文学家莫特·罗伯茨（Mort Roberts）也有同样的发现，而美国加州理工学院的研究生塞斯·肖斯塔克（Seth Shostak）和他的博士生导师大卫·罗格斯塔德（David Rogstad）注意到了其他几个星系中的气体运动速度太快。肖斯塔克尝试解释这些气体的快速运动：他于 1971 年提出，他研究的星系中包含某种形式的不可见物质。总之，射电观测和薇拉的光学观测引起了理论天体物理学家的注意，进行的计算机模拟表明，要想让星系形成旋涡结构，必须包含不可见物质。具体而言，星系中必须存在由不可见物质构成的"晕"（halo），如同大量的物质披上了隐身斗篷，这些物质极其暗弱，目前的望远镜完全无法观测到它。计算机模拟告诉我们更多事情：要想让星系呈旋涡状，不可见物质的质量必须比可观测物质大 10 倍。虽然不可见物质存在的证据逐渐增多，但是一些天文学家仍对此持有怀疑态度。他们质疑射电天文学家的观测，也怀疑薇拉获得的数据。

于是，薇拉和肯特回到望远镜前继续工作，射电天文学家也继续进行着观测。一次又一次，她和其他观测者发现了同样的事实：星系中的恒星和气体运动速度太快，并不遵循万有引力定律。即便如此，许多天文学家仍心存疑虑。要求科学家相信他们看不见的东西是极其困难的。推翻数十年来关于星系的假设，同样并非易事。

薇拉不喜欢那些科学假设，不断寻找机会试图推翻它们。然而，她确实有一些指导生活和研究的基本假设，这些假设促使她挑战天文学界一些长期存在的、主要由男性主导的惯例。薇拉的人生基本假设是：世界上一半的大脑属于女性；女性可以像任何男性一样出色地解决科学问题；每个人都应当获得从事科学工作的许可，女性尤其如此。她拥有出色的智力，她探索了很少有人能探索的宇宙问题，她有能力去解决极其复杂的科学问题，而且她已经获得了天文学家的认可，所以她果断开始检验关于恒星和气体如何围绕星系核运动的假设。薇拉决定观测数十个星系，考察其中恒星和气体的行为是否与天文学家预期的相似，或者说它们的行为是否与假设相符。

10个、20个、40个、60个……在越来越多的星系中，她和肯特都发现了恒星运动速度太快，结果看起来与牛顿引力定律相悖。她的工作推翻了天文学家关于星系及其恒星与气体的假设。慢慢地，天文学界开始承认，在我们所能看到的物质之外，宇宙一定包含了更多的东西。到1980年，当薇拉在望远镜前努力寻找 UGC 2885 中距离星系核最远的年轻恒星时，人们对她的工作达成共识：观测数据几乎是不可置疑的。她说："你只要查看数据就能发现，恒星和气体的速度基本保持稳定，即使是离星系核十分遥远的地方。"

这些出乎意料的速度需要一个解释。

最终，天文学家们不得不承认，如果星系中包含大量我们看不见的物质——暗物质，那么这些速度就能得到解释。正是薇拉的坚持不懈使科学界广泛接受了暗物质的存在。她的工作对于重新确定我们的宇宙组成至关重要，揭示了宇宙的大部分是以某种奇特形式存在的物质，而对于这些神秘物质的本质，直至今天我们仍无法理解。

1

群星的传说

11 岁的薇拉·鲁宾（那时还是薇拉·库珀）和姐姐露丝
（Ruth）睡在一张床上。薇拉盯着床上一条假想的线，试图翻过
身去，但没能成功。她是姐妹俩中年幼的那个，家人不让她靠墙
睡在窗户边上，这是一排恰好朝北的窗户。即使不挨着窗睡，星
光也引起了薇拉的注意，她很快被星空迷住了。每天晚上，她都
会爬过露丝，想要更好地观察天空。"我很生气，"露丝说，"她
总会把我吵醒。"[1] 但薇拉却总是忍不住这样折腾，她说："在我
的生活中，没什么比看星星更有趣的了。"[2]

那时薇拉和她的家人刚搬进在华盛顿特区西北部租住的一
栋三居室联排别墅。起初，她和露丝各自有一个房间，但很快家
人想要一个书房，所以他们把薇拉原来的房间改造成了公用的房
间。薇拉和露丝住进了一间房，终于引发了薇拉对星空的热爱，
但至少在当时，这让她的姐姐很郁闷。

1928 年 7 月 23 日，薇拉出生于费城坦普尔大学医院，原
名薇拉·弗洛伦斯·库珀（Vera Florence Cooper），父母是菲利
普·库珀（Philip Cooper）和罗斯·阿普尔鲍姆·库珀（Rose

Applebaum Cooper）。菲利普是一名来自波兰的移民，原名佩萨·科布切夫斯基（Pesach Kobchefski），19 世纪末出生于维尔纳镇，那里现在是立陶宛首都。菲利普的父亲是从事皮革生意的，大约在 1905 年移居纽约的格罗弗斯维尔。在美国站稳脚跟的一年后，他把家人也接了过来。大家都把菲利普叫作皮特（Pete），他有一个姐姐和两个弟弟。他们在纽约州北部过着舒适的生活，一家人一直住在那里，直到皮特上高中。之后，皮特留下来完成学业，而其他人搬到了西费城，在那开了一家商店，出售女式手套等皮具，并开了一家制革厂。一年后，皮特高中毕业，在费城与家人会合，并进入宾夕法尼亚大学就读。薇拉说，他可能是家里第一个上大学的人。"他非常聪明，在数学方面很有天赋"，没有人怀疑他是否会上大学，那几乎毫无疑问。

就在世纪之交前，薇拉的母亲一家也移民到了美国。根据她给孙辈们讲的故事，她的祖母在比萨拉比亚留下了一个苹果园后，就去了宾夕法尼亚州。比萨拉比亚现在属于摩尔多瓦和乌克兰。薇拉说，当他们还是孩子的时候，祖母的故事就令其着迷，听说她在横渡大洋的旅途中几乎一直待在船上，而且因为那里没有"犹太洁食"而不吃东西。薇拉的祖母在前往美国的航程中濒临饿死，很可能是由于船上的一名军官常给她带水果才活了下来[3]。"她最终到达了费城……我猜她大概 16 岁吧，没几年，她便嫁给了一个来自故乡附近的人。他是个裁缝，为美国著名商人约翰·瓦纳梅克（John Wanamaker）手工缝制一些东西"，薇拉补充说。她的母亲罗斯生于 1900 年，在费城长大，就读于威廉·佩恩高中。她"拥有非常美丽的歌喉，她说总是因为被邀请唱歌而感到尴尬"。她后来师从著名男高音歌唱家朱塞佩·博盖蒂（Giuseppe Boghetti）。博盖蒂当时不仅与罗斯共事，还与玛丽安·安德森（Marian Anderson）合作，罗斯曾与玛丽安一起上学，而后者的歌声将为民权运动提供重要的帮助。20 世纪前几个 10 年，薇拉的祖父母在美国定居，她的父母即将成年，也就是在这段时间里，少数天文学家已经开始探究这样的想法：宇宙可能与它看起来的样子并不完全一致。

那时，这些科学思想并不是薇拉家人的主要话题。罗斯高中毕业后，在贝尔电话公司找到了一份工作。皮特也是公司一名工程师，所以两人是在工作中认识的，也是经由共同的朋友介绍认识的。他们的关系发展得很快，以至于他们不得不保密，因为在贝尔公司有禁止同事谈恋爱的规定。但这一规定并没有阻止罗斯和皮特最终成婚，而这意味着罗斯将辞去她的工作，一部分原因是因为公司的政策，另一部分原因是因为这对夫妇即将组建新的家庭。1926 年 3 月 29 日，他们在费城郊区的芒特艾里买了一栋房子，生下了他们的第一个孩子露丝。两年多以后，薇拉出世了。

这时，一些著名的天文学家，如扬·奥尔特（Jan Oort），正在计算银河系中可能包含着多少看不见的质量。几年后，弗里茨·兹威基（Fritz Zwicky）开始研究后发星系团中星系的速度。薇拉的父亲皮特则对于在贝尔电话公司的工作感到越来越焦虑，他直接告诉老板或者说是另一位上级，他厌烦工作了。他的上级回应说："这就是你们犹太人的麻烦之处。"这位上级告诉皮特，公司正在建设贝尔实验室，并计划派他去那里。"但他已经没有耐心再等下去了，"薇拉说，"所以他辞职了。"到 1932 年或 1933 年，皮特失业了，薇拉回忆说，在她四五岁的时候，她的父母关上了他们在芒特艾里的家门，而且再也没有回来。他们已经负担不起那笔钱了。库珀夫妇搬到了皮特的父母那里，皮特的父母仍然拥有费城的皮具店和制革厂，皮特和他的姐夫一起在洗衣店工作。在夏日的周末，皮特会用他的洗衣车带着薇拉和露丝去乡村，这对薇拉来说是"特别节目"。

尽管处于大萧条的后期，但薇拉说她的"家庭生活非常愉快。我的父母相爱甚笃，生活十分美好。父亲对我和姐姐倾注心血，母亲也是。"薇拉和露丝的父母也得到了孩子们的祖父母和外祖父母的帮助，他们总是让天堂般的烹饪香味充满厨房。两个女孩都上过钢琴课，父母还鼓励她们探索祖父母家以外的世界。例如，薇拉回忆说，在她很小的时候父母就带她去了宾夕法尼亚大学的莫尔斯工程学院，"那里肯定曾有个加速器，小的范德格拉夫（Van de Graaff）静电加速器之类的"。它大致是一个放在绝缘支架上的金属球，这个设备通过传送带来收集球上的电荷。她说："我们手牵着手，头发竖了起来，冒出蓝色的火花。我牢牢记住了这一点，并对此充满了热情。"她解释说，这些"探险"可能是父母对她们的补偿，因为祖父母的家对于孩子们来说并不太友好，那里没有儿童书籍或玩具，而她从 6 岁到大约 10 岁都住在那里。薇拉说："我记得当时有一些父亲的大学书籍，我的叔叔们当然也很有学问，周围有很多东西，但没有真正为孩子们准备的。"

也许是感觉到女儿们的童年有些乏味，皮特为她们建造了一个玩具屋。他从《好管家》(*Good Housekeeping*)杂志上挑选了一个样本，并用一块块木板搭建了一座精致的小屋，里面配有工作灯和工作收音机。这是一个珍贵的家庭玩具，薇拉和露丝在里面玩得很开心。她俩也喜欢在广播中收听大学橄榄球比赛。当她们不在玩具屋中玩耍或观看比赛时，薇拉经常去费城市中心的科学博物馆——富兰克林研究所。"我确实有点爱上了富兰克林研究所，"她说，"那儿有一些锥体，你可以放沙子进去，锥体被悬挂在从天花板上垂下来的链子上。"随着链子的摆动，锥体下面出现了利萨如图形(Lissajous figure)。那是描述简谐运动的曲线，会随时间变得越来越小。"我可以在这些东西面前度过一天，"她说。此外，富兰克林研究所里还有一个"人可以走进去的非常大的万花筒，它的四面都是镜子……总之我对万花筒也很感兴趣"。

不过，就在薇拉开始享受探索富兰克林研究所的乐趣时，一家人搬家了：皮特接受了一份工作，监督宾夕法尼亚州中部的一个州立设施的建设。于是，在与父母同住多年后，库珀一家搬到了坐落在萨斯奎哈纳河畔费城西北部的塞林斯格罗夫。他们从一位大学教授那里租了房子，这位教授在萨斯奎哈纳大学工作，当时正在休假中。在那所房子的阁楼上，薇拉找到了一套百科全书。她在祖父母家里从未见过这样的书，因此她格外开心地钻研起来。她记得从中学会了用沙子压花，还制作了一个万花筒。她说："我用妈妈的糖衣压榨机做了一个万花筒。"她将带有小块材料的蜡纸拧到铝制糖衣筒的前面，然后切割 3 块玻璃来制作光学部件。这可以说是薇拉捣鼓透镜与光线的开始。

库珀一家在塞林斯格罗夫待了半年。之后，皮特在华盛顿特区的农业部门找到了新工作，薇拉十岁时全家又搬迁了。那是1938 年。

在这座城市的头几个月，她就读于亚当斯·摩根街区附近的H. D. 库克小学。在那里，她和同学们分组学习不同的科目，而不仅是坐在课桌前听老师讲课。"我们研究了南美洲，制作了一张巨大的立体地势图。我们挑了一些地方放上小灯，从板后面把小灯串起来，然后给地图通上电。我之前从没有在学校做过这样的事，"她说，"简直太棒了，我享受整个过程中的每一分钟。那时候，我想要成为一名幼儿园老师，因为我喜欢剪裁、粘贴和手工制作的每一步。"[4]

移居后不久，库珀一家住进了塔科马公园附近的塔克曼街的一座联排别墅，薇拉在和姐姐共用的卧室里向窗外张望，然后被星光深深地迷住。她渴望更多地了解科学和星空，于是去了当地的图书馆，读到了一些科学界伟大的传奇人物：艾萨克·牛顿、本杰明·富兰克林和他的表亲玛丽亚·米切尔（Maria Mitchell）。米切尔的故事令薇拉着迷。因为米切尔身为一名女性作出了令人震撼的天文学发现[5]。

玛丽亚·米切尔于 1818 年出生于楠塔基特岛，从小就是贵格会教徒。这个教派在那时便提倡男女应该平等地享有教育机会。米切尔上过几所学校，还接受过父亲的辅导。她父亲是一位对天文学和数学感兴趣的公立学校教师。当时，人们鼓励女性学习科学。米切尔的父亲威廉（William）注意到玛丽亚有数学天赋，所以他让玛丽亚帮着进行测量和导航计算。12岁时，玛丽亚帮助父亲观测日食，并用观测数据计算出家庭住宅的位置。薇拉发觉这大约也是她开始迷恋星空时的年龄。几年后，玛丽亚开始帮助水手计算捕鲸探险的坐标。16岁时，她在楠塔基特开办学校，同时接收黑人和白人学生——这在19世纪30年代是一个有争议的决定，但她对此十分坚定。

玛丽亚后来成为楠塔基特图书馆的第一批管理员。在此工作期间，她常常在晚上帮助父亲观测天空，从此意外地闯入了专业天文学界。1847年10月1日的晚上，玛丽亚在她父亲工作的太平洋国家银行屋顶用3英寸①望远镜巡视天空时，发现了一个模糊的斑点，这在她以往的天文观测日志中从未出现过。她仔细观察这个物体并追踪它的运动，并意识到这个斑点不是行星或恒星，而应该是其他更为短暂的天体，也许是彗星。玛丽亚·米切尔在故事中的"发现"的喜悦——她看到别人从未见过的东西的瞬间——让薇拉着迷。薇拉不禁遐想，自己是否也能通过对星星的研究发现彗星这样令人敬畏的事物。随着薇拉更深入地阅读，她发现玛丽亚对星空的热忱令人鼓舞。

这一点清楚地体现在之后的事情中。玛丽亚发现那个不寻常的天体后，赶紧告诉了她的父亲，父亲告诉她应该写一份工作

① 1英寸 ≈ 2.54厘米。——译者注

总结，并发送给其他天文学家以宣布她的发现。玛丽亚却犹豫不决：科学界是否会认可她的工作。她父亲威廉不这么认为，决心让女儿得到应有的认可。他写信给他在天文学界的朋友和同事，其中不乏影响力的人物，比如哈佛大学天文台台长威廉·C. 邦德（William C. Bond）。在父亲同事的敦促下，玛丽亚最终写了一篇关于发现的简短报告，并于 1848 年 1 月以父亲的名义提交给美国的出版物《西里曼杂志》（Silliman's Journal）。一个月后，她提交了第二份说明，其中计算了彗星的轨道——这确保她被认定为彗星的最初发现者[6]。

时任哈佛大学校长爱德华·埃弗雷特（Edward Everett）对这项工作印象深刻，建议玛丽亚以她的发现向丹麦国王申请一枚金质奖章。早在 19 世纪 30 年代初期，业余天文学家、丹麦国王弗雷德里克六世（Frederick VI）曾宣布，他将向第一位使用望远镜发现肉眼无法看到的彗星的天文学家颁发金质奖章。弗雷德里克六世在宣布这一消息后于 1839 年去世，但他的继任者、其子克里斯蒂安八世（Christian VIII）选择尊重父亲的意愿，继续这项政策。1847 年 10 月 3 日，也就是玛丽亚发现新彗星两天后，弗朗切斯科·德维科（Francesco de Vico）独立观测到了同一颗彗星，并立即向欧洲的当局报告。由于玛丽亚发现新彗星的消息尚未传到欧洲，这颗彗星遂以德维科的名字命名，他也因发现彗星而获得了丹麦金质奖章。然而，当玛丽亚·米切尔的发现最终传到丹麦国王耳中时，他只好考虑是否再给玛丽亚颁授一枚奖章。弗雷德里克六世最初的公告称，他会将奖章授予每颗新彗星的第一个发现者，但是克里斯蒂安八世已将"玛丽亚彗星"的奖章授予了德维科。

最终，克里斯蒂安国王选择授予玛丽亚一枚奖章，并允许德维科保留他得到的奖章，这一决定使玛丽亚·米切尔成名，她所发现的彗星后来被称为"米切尔小姐彗星"。她加入了卡罗琳·赫歇尔（Caroline Herschel）和玛丽亚·玛格丽塔·基希（Maria Margaretha Kirch）的行列，这是仅有的另外两位发现新彗星的女性天文学家。玛丽亚·米切尔的工作不仅仅是让她跻身赫歇尔和基希之列，这也改变了欧洲天文学家对美国天文学界的看法，他们不能再忽视大西洋彼岸的科学发现了。

玛丽亚·米切尔的成功并没有止步于发现新彗星。因为这颗新彗星的发现，连同她随后进行的天文观测和出色的教学能力，为她赢得了19世纪60年代瓦萨学院成立时的第一个教职。她被任命为天文学教授，同时也是瓦萨学院天文台的主任，她非常认真地对待自己在那里的工作，希望能启发她所教育的女性的思想，不论她们未来选择怎样的道路。据说，她曾这样对学生说："当我们被琐事烦扰时，看看群星就会发现自己身上的事情是多么微不足道。"[7]

玛丽亚的故事深深地打动了薇拉，尤其是她知道了"看星星"可以成为一种职业，而瓦萨学院就有天文台和天文学课程。女性天文学家的往事和薇拉自己每晚对星空的凝视，最终塑造了她的人生抱负。"当我对天文学产生兴趣时，我就决定这将是我余生要做的事情，"她说，"我觉得，人类怎么能和周围的东西

（恒星和行星）待在一起却不了解它们呢？"

薇拉的父母也觉察到了女儿对星空的痴迷，大多数时候，他们都在鼓励女儿。当然，深夜观星并不那么受认可，薇拉的母亲曾在某次离开时对女儿喊道："薇拉，不要整晚都把头伸到窗外！"

薇拉并不总是听妈妈的话。她会坐到深夜，记住夜空中的斗转星移。早上，她会凭着记忆画出星星走过的轨迹，然后把她的所见讲述出来。薇拉还试图找到更多的、可以激励她对群星的热情的人。使薇拉更加沉醉于星空的一个人是她母亲的一个朋友戈尔迪·贝克（Goldie Back）。薇拉说，戈尔迪是一生中对她影响极深的女性之一。

戈尔迪曾想成为一名工程师，但宾夕法尼亚大学不允许她学习这门学科。后来，她取得了教学学位，移居华盛顿，在标准局工作。在那里，她遇见了迈克尔·戈德堡（Michael Goldberg），后来嫁给了他。薇拉回忆说，夫妻俩过着非常学术的生活。他们有一辆敞篷车，四处旅行去演讲和参加会议。他们会带着露丝和薇拉去弗吉尼亚，在那里她们可以更清楚地看到星星。在那些观星的夜晚，戈德堡夫妇会带他们指认星座，但薇拉经常说，她对那些星星组成的具有神话意义的轮廓并不感兴趣，而是更热衷于追踪恒星的运动。薇拉的痴迷是对于恒星本身而不是星座，这在当时看起来可能只是一件小事，但它在薇拉后来所进行的研究工作的宏大体系中意义重大，就像阿尔伯特·爱因斯坦在同样年轻时假想的思想实验一样，为后来的狭义相对论奠定了基础。

为了进一步研究恒星及其运动，薇拉决定自己动手建造一架望远镜。有一天，她独自前往华盛顿特区市中心，在那里她"捡到一个油布包裹的纸管，坐公共汽车把它带回了家"。她从旧光学设备供应公司埃德蒙德那里以折扣价买了一个 2 英寸的镜头。在父亲的帮助下，她把所有工具组装了起来，可以更好地研究星星了。薇拉的父亲不断地鼓励女儿在智力上的追求。无论她需要什么物品来满足对世界的好奇心，她的父亲都会亲自去做或者帮助她获取。"他会分析地看待事物，我非常欣赏他这一点"，她说，"这对我是一个深刻的影响"。[8]

出于帮助女儿学习的坚定意愿，薇拉的父亲还带她参加了当地的业余天文俱乐部会议。她本来想自己加入俱乐部，但皮特没有允许[9]。他认为薇拉太年轻，所以他先加入再带女儿参加会议，他们听了诸如哈佛大学天文台台长哈罗·沙普利（Harlow Shapley）等著名天文学家的演讲。20 世纪 10 年代后期，沙普利重新确定了太阳在银河系中的位置，将其定在了远离银河系中心的位置[10]。他还曾经持有这样的观点：在我们银河系之外没有天体，银河系就是整个宇宙[11]。威尔逊山天文台的天文学家爱德文·哈勃（Edwin Hubble）在 20 世纪 20 年代证明了沙普利的观点是错误的，因此沙普利转而开始绘制星系图，研究它们如何聚集在一起，又如何分布在我们的银河系周围。正是这项工作（他很可能在俱乐部的演讲中提到了）促使其他学者研究银河系中的恒星和星系团中的星系，并启发了这样一种观点：宇宙中的物质也许比我们所能看到的还要更多。

2

暗物质初露端倪

当薇拉夜复一夜地凝视着窗外的群星在夜空中运动时，天文学家逐渐意识到了暗物质的存在，尽管那时他们对暗物质几乎一无所知。存在一种看不见的物质，这样的想法如此奇怪而陌生，以至于需要薇拉这样的人，通过制订独特的研究方式来证明暗物质的存在。

暗物质存在于宇宙中的观点起初并未引起大家的重视。20世纪20年代，荷兰天文学家扬·奥尔特的银河系研究中出现了暗物质存在的蛛丝马迹，几年后又出现在弗里茨·兹威基提出的看似疯狂的想法中。兹威基在美国加州理工学院是出名的疯狂天才，他在研究后发现了星系团中的8个星系，20世纪30年代初期他注意到了它们的行为并不遵循牛顿的万有引力定律：它们运动得太快了。为了解释星系的快速运动，兹威基提出这样一个论断：它们必须包含大量看不到的物质，这部分物质对星系施加了引力，使各个星系聚集在一起。兹威基推测，如果没有这些不可见物质的引力，高速运动的星系可能会完全脱离星系团，但它们并没有。于是，他得出结论，星系团必须包含他称为"dunkle

Materie"的东西，也就是暗物质。

　　兹威基使用这个术语是在 1933 年，那时薇拉只有 5 岁，科学论文经常将此次作为"暗物质"概念的首次提出时间。但事实却并非如此，其实几年前，科学文献中就已经有了类似提法，尽管兹威基能声称神秘物质影响了星系运动的确不简单。然而，许多天文学家包括薇拉在内几十年来都没有认识到兹威基研究工作的重要性。为什么？因为要相信眼睛看不到的东西的存在太难了。

　　关于宇宙中是否存在不可见物质的争论由来已久。事实上，早在公元前 5 世纪，人类就在猜测宇宙是否比肉眼所见的更多。大约在那个时候，哲学家菲洛劳斯（Philolaus）假想了一颗与我们相反的行星，即反地球（Antichthon）——它在地球对面，与地球一起绕着看不见的"中央火"运行。菲洛劳斯并不是唯一有这种想法的人。原子论者认为，所有物质都是由"原子"构成的。他们所说的"原子"是存在于无尽空间中的无限多的、不可分的基础模块。这些原子论者也认为宇宙包含无限多的、看不见的世界。

　　亚里士多德持反对意见。他的宇宙模型与原子论者的正相反，他将地球置于稳恒宇宙的中心，他说，不可观测的物质并不存在。千百年来，他的以地球为中心的宇宙图像主宰了西方世界的宇宙观念，直到尼古拉·哥白尼的日心说流行起来。大约在同时代，乔尔达诺·布鲁诺（Giordano Bruno）也勇敢地挑战权威。他争辩说，其他世界的确存在，天空中的群星与太阳一样，被它们自己的行星环绕，宇宙是没有中心的无限空间。在当时，不可见的天体是否存在，是一个针锋相对的问题。

伽利略·伽利雷将带来重大的改变。在 17 世纪早期，伽利略将自己创制的望远镜对准了天空，他也许是第一个证明了用肉眼无法看到的天体确实存在的人。他的工作揭示了宇宙是一个物理结构，而不仅是一个哲学概念。他通过望远镜观察夜空，揭示了肉眼看不见的木星卫星和银河中数不清的恒星。伽利略的观测表明："宇宙可能包含无法通过常规手段感知的物质……随着新技术的引入，我们将得以揭示从前不可见的物质形式"，天体物理学家詹弗兰科·贝尔托内（Gianfranco Bertone）和宇宙学家丹·胡珀（Dan Hooper）在 2018 年回顾暗物质发现历史时写道[1]。

望远镜并不是天文学家用来探测宇宙天体的唯一工具。天文学家的工具箱还包括牛顿运动定律和万有引力定律。1783 年，约翰·米歇尔（John Michell）利用牛顿的定律推断，如果引力能作用于光，则宇宙中可能存在大质量且不可见的天体，它们所具有的引力大到光也无法逃脱。这是黑洞（black hole）概念的第一次出现。大约 10 年后，皮埃尔 – 西蒙·拉普拉斯（Pierre-Simon Laplace）得出了类似的结论，支持黑洞的存在。

直到 1844 年，天文学家才开始真正意识到，揭示看不见的天体仅能通过它们对周围物体施加的引力影响来实现，因为在那一年，德国数学家及天文学家弗里德里希·威廉·贝塞尔（Friedrich Wilhelm Bessel）注意到了天狼星（Sirius）和南河三

（Procyon）运动中的怪异行为。解释这些偏差的唯一方法是"假设南河三和天狼星都位于双星系统中"，就是说它们各自环绕着另一个我们还看不到的天体在运行。如果事实正是如此，那么"他们的运动变化就在意料之中"，贝塞尔说。他将吸引天狼星的天体称为它的"暗伴星"[2]。

海王星的发现是人类通过不可见天体对周围天体施加的引力影响推测出其存在的另一个例子。1846年，法国天文学家奥本·勒维耶（Urbain Le Verrier）和英国天文学家约翰·柯西·亚当斯（John Couch Adams）分别推断出天王星运动中的怪异行为，认为太阳系中还有另一颗看不见的行星。勒维耶根据天王星的不规则运动计算了这颗看不见的行星在天空中的坐标，并写信寄给了德国天文学家约翰·加勒（John Galle）。收到信后，在德国柏林天文台工作的加勒申请使用望远镜检验勒维耶提供的坐标。果然，在勒维耶预言的位置附近发现了一颗新行星[3]。

受到这一发现的鼓舞，勒维耶提出了一个大胆的断言：他认为在水星轨道以内，存在一颗暗行星。他利用这颗暗行星的引力来解释水星公转轨道的一个不寻常特征：水星轨道的近日点并不会始终保持在一个相同位置，近日点在水星每次绕行一周后都会缓慢移动。所有行星的近日点都是如此。牛顿定律通过进动（precession）解释了这种运动，这是行星之间的引力相互作用的结果。这样的解释对于每一颗行星都是成立的——除了水星[4]。勒维耶在1859年提出，一颗暗行星的存在可以解释水星近日点进动与牛顿定律预言的差异。

鉴于这颗看不见的行星应当离太阳最近，勒维耶以罗马神话中的火神之名将其命名为伏尔甘（Vulcan）[5]。他曾成功预言了海王星的存在，所以与勒维耶同时代的人们并不怀疑这颗暗行星的存在。他们不断地寻找它，可惜无济于事——因为根本不存在这一颗行星。几十年后，阿尔伯特·爱因斯坦的广义相对论精确地描述了水星的近日点进动，并不需要引入任何额外的天体。

除了进行基于引力的研究，天文学家也开始使用摄影学来研究宇宙，随着相机曝光时间越来越长，恒星、星云和介于两者之间的一切物质图像也越来越清晰。"这些长时间曝光的照片揭示了即使用最大型望远镜也无法看到的十分暗弱的天体，"天文学家大卫·马林（David Malin）和丹尼斯·迪·希科（Dennis Di Cicco）在 2009 年写道，"从可见物体的记录者到不可见物体的探测者的转变，摄影为我们打开了一扇窗户，让我们了解到了宇宙比任何人想象的都要更广阔、更神秘。"[6]

天体摄影学所揭示的谜团之一是恒星在宇宙的分布并不均匀，在明亮、稠密的团簇中常存在一些暗斑。部分天文学家认为，之所以存在这些暗斑，是因为这些空间里没有任何恒星。其他天文学家持有不同观点，他们推断，"暗斑是空间中的吸收体，阻断了来自星云或恒星区域的光线"[7]。

光谱学（spectroscopy）可以用来测量天体在一定能量范围内发出的光的强度，可能会帮助天文学家解开宇宙中的暗斑谜团。元素周期表的每个元素都可以发射一系列特定能量的亮线，同时也可以吸收光线。恒星谱线可以揭示恒星的组成、温度和大小。谱线结果显示宇宙中的暗斑不是没有恒星的空腔，而是一团气体，罗马学院天文台台长安吉洛·西奇神父（Father Angelo Secchi）在 1877 年写了关于这一发现的回忆录[8]。这一发现也启示了我们，眼睛看到的东西并不总是事实的全貌。

故事的另一部分也与谱线相关。这些谱线，或者说光谱，不仅可用于识别恒星与气体云的组成，还可以揭示天体在视线方向上是靠近地球还是远离地球——也就是天文学家所说的径向速度（radial velocity）。随着天文学界开始认真讨论宇宙中不可见物质的存在，测量恒星的径向速度变得越发重要。现在，我们的话题正从躲在暗处的恒星、行星和星云转移到其他类型的暗物质上。

贝尔托内和胡珀在他们的评论中说，率先由暗弱恒星与行星的现象向暗物质概念跨越的科学家之一是物理学家威廉·汤姆森（William Thomson），其更为人所熟知的名字是开尔文勋爵（Lord Kelvin）。他第一个提出疑问：是否有可能计算出我们银河系的黑暗物质总量[9]？

正如 1904 年时开尔文在美国约翰霍普金斯大学的一次演说中所讲述的那样，他的工作基于这样一个假设，"我们假想的数十亿颗恒星中的很大一部分，甚至绝大多数，可能都是黑暗天体"。在进行计算时，开尔文假设看不见的恒星和我们的太阳大小一样，亮度一样，然后将这些恒星视作受彼此引力影响的气体粒子。基于这样一个基本框架得出结论，银河系中的许多恒星可能已经"熄灭或变得黯淡"了。他说，大多数恒星，大约 9/10，可能不够明亮，当时的技术不足以使天文学家观测到它们[10]。所以暗物质的存在是可能的，但开尔文认为，更有可能的情况是，尚有非常多的恒星人们暂时还看不到。

开尔文的计算引起了法国数学家亨利·庞加莱（Henri Poincaré）的兴趣，他很赞赏开尔文使用"气体理论"来描述银河系物理特性的方法。1906 年，庞加莱提出，银河系（当时银河系就被认为是整个宇宙）中暗物质（法语写作 matiere obscure）的总量可能小于或等于可见物质[11]。后来，他与同事亨利·韦尔涅（Henri Vergne）又提出：根据计算，可能不存在"暗物质"，而只有在我们视野中被遮挡的暗星（dark star）；退一步说，即使有暗物质，它也并不比可见物质更多[12]。

在庞加莱和韦尔涅开始讨论开尔文对于银河系中暗物质的估算后不久，爱沙尼亚天文学家恩斯特·奥匹克（Ernst Öpik）也开始计算银河系中不可见物质的总量。在 20 世纪初，科学家将银河系描绘成一个类似于变形虫的恒星集团，其明亮的中心被一个扁平的圆盘包围，即所谓的银道面（galactic plane）。利用恒星速度及其与银道面的距离，奥匹克计算的结果是银河系中根本不存在暗物质；相反，缺失的质量最有可能都在恒星中，它们最终会被更先进、更复杂的望远镜探测到[13]。

荷兰天文学家雅各布斯·卡普坦（Jacobus Kapteyn）加入了讨论。他将银河系看成一个扁平盘，恒星像薄烤饼里的蓝莓一样散落其间；太阳是一颗靠近薄饼核心的蓝莓，包括太阳在内的所有恒星，都在围绕着银河系中心旋转。他认为，从本质上说，整个银河系都处于旋转之中。

正如开尔文和奥匹克所做的那样，卡普坦将恒星在盘上的运动与它们的速度弥散（velocity dispersion）联系起来，速度弥散即恒星速度关于其平均值的弥散度统计，星系中的恒星速度弥散提供了星系质量的线索。随后，卡普坦试着通过将总引力质量除以恒星总数（包括暗弱的恒星）来估算银河系的密度。该技术提供了一种估计宇宙中的暗物质质量的方法（那时人们认为银河系就是整个宇宙）。"就目前的情况看来，"卡普坦总结道，"暗物质的质量不会太多。"[14]

同样是1922年，英国天文学家詹姆士·金斯（James Jeans）重新分析了银道面附近恒星的垂直运动数据，得出结论：太阳附近可能存在一些暗物质，也许每颗明亮的恒星都对应着两颗暗星[15]。10年后，那时薇拉大约4岁，出现了一个看起来更确凿的证据表明银河系中存在暗物质。

证据来自卡普坦的学生扬·奥尔特。他也观测了恒星在特定方向上的运动速度，发现恒星本身的质量不足以提供所测得的恒星运动速度所需要的引力。他写道，恒星自身质量比依据恒星速度所推算的质量低了30%~50%[16]。不过，包括奥尔特在内的许多人仍然认为，这些质量可能是由天文学家尚无法用望远镜探测到的暗星以及奥尔特所谓的"星云或陨石类物质"组成的。

奥尔特说，暗物质"也许比可见恒星少，甚至要少得多"[17]。

关于星系和宇宙中的黑暗物质的观点又成了一场你来我往的拉锯战。对于它是否存在以及究竟有多少的问题，人们争论不休。兹威基开始研究这个问题，他关注的是后发星系团。当他发现后发星系团的质量应当比所能观测到的质量更大时，他使用德语词组"dunkle Materie"来形容缺失的物质也就不足为奇了，因为这是曾出现在科学文献中的词汇。兹威基工作的独到之处在于所观测的是星系的径向速度，而不是单个星系中的恒星速度。彼时，爱德文·哈勃已经证明了银河系以外还有星系存在。通过星系速度及其与地球距离之间的相关性，哈勃和他的助手米尔顿·赫马森（Milton Humason）还证明了宇宙正在膨胀。了解这些后，兹威基收集了 1931 年由哈勃和赫马森发表的各星系的径向速度，并注意到后发星系团具有很大的速度标准差——每秒超过 2000 千米。哈勃和赫马森也注意到了如此大的速度弥散，但他们没有深究这个问题。兹威基则对其进行深入研究：他应用了一个数学方程式，将系统（后发星系团）的总动能与其总引力势能联系起来。该方程式是位力定理（virial theorem）的一部分，位力定理表明系统的势能等于动能的 2 倍。

　　兹威基将星系团大小粗略估计为 100 万光年来计算星系团的势能，而后又将星系团包含的星系数量估算为约 800 个来计算系统的动能。他参考哈勃的工作，假设星系的平均质量是太阳质量的 10 亿倍。他对后发星系团进行计算后，得出结论：星系的速度弥散值应当为约 80 千米每秒。这与哈勃和赫马森得到的观测数据相去甚远。兹威基推断，要使后发星系团中的星系结合在一起，这个星系团的质量比之从星系的发光物质估算得的质量要多 10 ~ 100 倍。他于 1933 年在瑞士的一本物理学期刊上写道："如果这一点得到证实，我们将得到一个令人惊讶的结果，即暗物质的总量比发光物质多得多。"[18]

美国加州理工学院的研究生辛克莱尔·史密斯（Sinclair Smith）对兹威基的工作很感兴趣，他接着研究星系团质量的问题。史密斯制造了一台摄谱仪，并用它来研究室女星系团（Virgo cluster）中的星系速度。假设星系都围绕星系团中心运行，基于观测到的速度，史密斯计算出所有星系的总质量为100万亿个太阳质量。然后，他将100万亿个太阳质量除以500（星系团中的星系数量）估算出星系团中每个星系的平均质量约为2000亿个太阳质量，这远超哈勃之前估计的10亿个太阳质量。史密斯在1936年提出，额外质量可能来源于均匀分布于整个星系团中或存在于每个星系周围的"巨大的云"中的物质[19]。无论哪种方式，星系团都需要比可观测物质更多的质量来保持众多星系结合在一起。

在史密斯公布研究结果的同一年，哈勃出版了著作《星云世界》（*The Realm of the Nebulae*），这是他一年前在耶鲁大学所使用的讲义。哈勃详述了他的发现，即银河系外还有其他星系存在，并且这些河外星系的速度表明宇宙正在膨胀。他还讨论了暗物质的概念，因为观测表明，如果仅考虑可观测物质，星系中的恒星运动速度会快得异常。哈勃写道，恒星速度与我们能看到的物质之间的差异是一个"真实而重要"的问题，这个问题有可能会自行解决，因为计算所给出的质量是极限情形——星系中的暗物质质量上限和星系团中的暗物质质量下限。总之，暗物质存在与否，仍是一个十分棘手而令人困惑的问题。那时的天文学家还

2 暗物质初露端倪

021

不能给出一个确凿的答案[20]。

与此同时，兹威基正在重新审视关于后发星系团的工作，并试图找到一种更好的方法来计算每个星系的质量。他运用的仍是1933年所用到的定理，但在计算时尝试了不同的数值。这一次，他估计后发星系团中有1000个星系，半径为200万光年。他得到新的速度弥散值为700千米每秒，基于这个值推算出整个星系团的质量为45万亿个太阳质量。每个星系的质量相当于450亿个太阳，仍然比哈勃给出的质量更大，而且比天文学家仅根据星光所估算的值还要大一些。将可观测恒星的质量相加，天文学家估计后发星系团中的星系平均质量约为8500万太阳质量，兹威基的结果是这个值的500倍。

这是一个重要线索，它表明暗物质在星系团中比正常物质占比更多，甚至在整个宇宙中也是如此。而兹威基在1937年指出，为了基于星系光度得到星系质量，"我们必须知道有多少暗物质以冷暗恒星、大尺度与小尺度的固体和气体的形式被包含在星云中"，这在一定程度上是对"暗物质可能是天文学家尚无法探测到的冷暗天体"的观点的认可[21]。

兹威基说得很有道理。一年后，更多证据表明他可能是对的，天文学家也许并不真正了解宇宙中发生的一切。新的证据则来自单个星系中出现的异常。那是1938年，加州大学伯克利分校的研究生霍勒斯·巴布科克使用美国利克天文台的36英寸克罗斯利（Crossley）反射望远镜观测仙女星系的中心。他记录了靠近星系核心的几颗恒星的光谱，即它们发出的光的波长。获取这些光谱的过程相当乏味，巴布科克必须连续观测每一颗恒星，持续时间为 7～22 小时不等，但他勤奋地完成了观测。基于这些数据，他可以将星系中的恒星速度与恒星到星系核心的距离相对应，并绘制出星系自转曲线（rotation curve）。其结果是曲线看起来没有下降的趋势[22]。

这项工作为薇拉引领天文学革命奠定了基础，但此时她才刚到陶醉于在卧室里看窗外星空的年纪。她不知道未来自己也将循着群星的运动轨迹，对宇宙中看不见的物质着迷。总之，宇宙中的不可见物质是如此扑朔迷离。巴布科克的数据，以及史密斯和兹威基的计算不足以说服科学界认真考虑暗物质的存在。其实，许多研究人员都在怀疑关于星系团的研究成果。瑞典天文学家和宇宙学家埃里克·霍姆伯格（Erik Holmberg）在 1940 年写道："我们无法接受室女星系团和后发星系团中的高速运动部分属于星系团的永久成员，除非我们假设大量质量，甚至是星系团总质量的大部分，由分布在星系团成员周围的暗物质贡献，这当然是不太可能成立的。"[23]

天文学家暂停了对暗物质的探索，直到人类从第二次世界大战的创伤中恢复。

3

静待星辰

第二次世界大战的战火开始席卷欧洲、中国，并最终波及美国，但薇拉仍尽可能地专注于星空。她在周末、学校假期和暑假期间在特区政府的征兵办公室从事文件归档工作。"这是一份我讨厌的工作，在那里我经历了人生中相当糟糕的时刻。我老是看着钟表（盼望下班），因为工作实在太无聊了。"她回忆道，"我妈妈知道我有多讨厌这份工作，不过她说体会到做自己不喜欢的事情是什么感觉对我有好处。总之那份工作几乎让人无法忍受。"[1]尽管薇拉讨厌案牍工作，但她通过阅读摆脱了工作的单调。她如饥似渴地阅读了詹姆士·金斯的《我们周围的宇宙》（*The Universe Around Us*），以及阿瑟·爱丁顿（Arthur Eddington）的《膨胀的宇宙》（*The Expanding Universe*）和《恒星内部结构》（*The Internal Constitution of the Stars*）。她说，金斯的书有"一些绝妙的想法……其中一个是关于当你朝着一个方向看时是否会接收到其他方向的星光。这些奇思妙想比传统天文学更让我着迷。"[2]她在科学领域提出不寻常问题的天赋在青年时期就已初步展现出来。

在中学时，薇拉就明确了自己要成为一名天文学家。"我本人并不认识任何一个天文学家，"她说，"但我知道那就是我想做的事。"当然，她知道玛丽亚·米切尔，并与她爸爸一起参加了哈罗·沙普利等人在华盛顿业余天文俱乐部会议上的讲座，但她并不认识专业天文学家，无法请专家进一步引导她对群星的热爱，从而发掘她的天赋。她的大多数中学老师对此也无法提供多大帮助。

薇拉就读于华盛顿特区西北部的柯立芝高中，在那里她遇到了一位十分出色的数学老师，名叫李·吉尔伯特（Lee Gilbert）。"他给我们的第一个几何测验，就是要求我们证明一些当前的知识储备还不足以证明的问题。然后，他在过道上走来走去，看着我们怎么做。"她回忆道，"他引导我们思考，真正地思考。他会把我们叫到黑板前，告诉我们要自信大胆、旁若无人地去讲解和绘图……。那可能是我在学期间最棒的思考。"薇拉也上了吉尔伯特的代数课。"他说过，'把不是今天必须做的事情推到明天，因为明天你可能就不需要做它了'。这个道理与乘法系数有关。"她说，"他是一个了不起的人，真可以说是我整个学习生涯中遇到的最好的老师。"[3]

吉尔伯特似乎是唯一一个鼓励薇拉的人。学校里的其他人就少有这样做的，薇拉承认这部分是出于她自己的原因。"我的姐姐比我大两岁半，非常聪明，学习很好，所有的科学老师都喜欢她，"薇拉说，"她学习这么好，作为她的妹妹，我却很特立独行，这让我多少不太符合老师们的期望。"

　　除姐妹间的比较和竞争外，成功还有其他障碍。"物理课是男孩俱乐部，充满了大男子主义气息"，老师希姆斯（Himes）先生和课堂上的男生总是忽略在场的几个女孩。薇拉说："我感觉这是我一生中极不自在的地方之一，在物理实验室里待着就像是做了一场噩梦。"当时学校强化性别惯例的直接方法，就是鼓励男性学习科学与数学，鼓励女性学习语言与艺术。学校有一个专属于男性的侧厅，里面有属于男生的体育馆、木材店和五金店。薇拉想选修机械制图课，这门课就是在男生侧厅授课。她有点害怕独自前去上课，于是说服了一个女性朋友和她一起。不过最终薇拉喜欢上了这门课。

　　虽然成长路上有些小小的胜利，薇拉成为天文学家的道路仍将充满挑战。当时她做出的最重要决定之一就是去哪里上大学。她姐姐上的是乔治·华盛顿大学，她所有的同辈亲戚也都上过大学，他们一般都选择离家近的地方上学。她说："我不认识任何去远方上大学的人，然而我很想学习天文学，在我家附近却没有学校开设这个专业。"她还表示，经历过在希姆斯先生课堂上的不愉快经历后，她不想学习物理学，所以她寻找一所可以专注于天文学学习的院校。为了决定申请哪些学校，薇拉在图书馆查找开设天文课程的学校。她还回忆起父母的朋友戈尔迪和戈德堡最近参加了瓦萨学院的数学学会会议，薇拉说："他们去过那所大学，这让我印象很深刻。"这种印象与她曾读过的玛丽亚·米切尔的故事相结合后，瓦萨学院成了薇拉的最佳选择之一。她还申请了斯沃斯莫尔学院和宾夕法尼亚大学。她说，她差点就去申请拉德克利夫学院，但后来放弃了，因为她觉得自己获得奖学金的可能性比较小。

薇拉被宾夕法尼亚大学和瓦萨学院录取，斯沃斯莫尔学院则拒绝了她，被拒的经过已经成为家族传说。她回忆起在华盛顿特区面试与这个学校的一位院长的谈话。"这次面试是一场彻头彻尾的灾难，我当时就感觉到了。"薇拉回忆道，"因为那个女人从来没有把我当回事，尤其是对于我想成为一名天文学家的愿望。"当薇拉告诉那位女士她对天文学和绘画（绘画这一爱好可以说是薇拉小时候对手工的喜爱的遗留）感兴趣时，这位女士问薇拉是否考虑过画天文景象的职业。"这句话成了我们家的梗，"薇拉说，"如果你想开个玩笑，你可以说，有没有考虑过从事一份画天文景象的职业？"[4]

薇拉对于没有被斯沃斯莫尔学院录取并不感到惊讶，然而她对于获得华盛顿特区的瓦萨校友赞助特区学生上学的奖学金却着实感到非常惊喜。她欣喜若狂地去上学了，这所院校以为女性开设天文学课程而闻名。当然，并不是周围每个人都会祝贺薇拉的成功。学校辅导员对薇拉被录取且获得奖学金感到惊讶，这位辅导员颇有微词，"你的法语成绩更好"。薇拉对此不予理会。她更愿意告诉物理老师希姆斯先生。但当薇拉说出获得了瓦萨学院的奖学金时，他却立马反驳说："远离科学，你以后会发展得很好。"[5]当然，他不知道薇拉对于攻读天文学学位有极大兴趣，更不知道薇拉选择瓦萨学院是因为它在支持女天文学者方面有着悠久的历史。虽然希姆斯先生持否定态度且一再泼冷水，但薇拉的决心并没有动摇，甚至没有让她多加考量进入一个由男性主导的领域的风险。"我不认为所有天文学家都是男性，我对此也并不了解。"她说，"我甚至不知道如何成为一名天文学家。"她只是笃定要成为那样的人，而不管别人的流言蜚语。

这种决心很可能在她高中时期漫长而无聊的夏天里就开始萌芽了，那些时日里她在征兵办公室做一些文件归档工作。在动身去瓦萨学院之前，她又在办公室里度过了 1945 年的整个夏天，日复一日，她越来越清楚地感觉到，她不想把余生都花在案牍上，尤其是在见识到第二次世界大战给全世界造成如此惨烈的破坏之后。"我记得，夏天我会和爸爸一起坐公共汽车去市中心。我记得报纸上报道投放原子弹的那一天，"薇拉回忆道，"这可能是我在整个战争期间最震撼的回忆。那年我 17 岁。"[6]

1945 年 8 月初两颗原子弹先后在日本爆炸。仅仅数周以后，薇拉动身前往纽约州的哈德逊河谷。到达后，她得知自己是当年瓦萨学院的大学一年级新生中唯一选择主修天文学的人。当然，她对此依然不感到意外，并且由于很早就宣告了对天文学的兴趣，薇拉很快便联系到了瓦萨天文台的台长莫德·马克姆森（Maud Makemson）。

与薇拉不同，马克姆森进入天文学界时的年龄更大一些。在担任过教师和新闻工作者后，马克姆森意识到自己对夜空和群星感兴趣。她在担任小学教师的同时参加函授和暑期课程，以争取得到进入加州大学的资格。1925 年，她在加州大学洛杉矶分校获得学士学位，然后继续在加州大学伯克利分校攻读博士学位，研究方向为小行星轨道的计算[7]。她在1930年完成了论文答辩，两年后进入瓦萨学院。当薇拉遇见她时，马克姆森刚完成了有关玛雅和波利尼西亚天文学的书籍，且已担任瓦萨学院天文台台长近10年，她是第一位可以指导薇拉的天文学家。

薇拉大学一年级第一学期的日程里排满了课：天文学、数学、法语和英语。她说："那是一个美妙的环境。"马克姆森讲授基础天文学和天文学史课程，每周一次。在平时的课堂上，马克姆森讲课的依据是威廉·斯基林（William Skilling）和罗伯特·理查森（Robert Richardson）所著的《天文学》（Astronomy）。该书于1939年首次出版。课后，她让学生使用3英寸望远镜对猎户星云（Orion Nebula）和土星进行观测和绘图。薇拉说，这是一门相当有技术含量的课程。但她也承认，她对于实践工作并不太勤奋。学生们还被要求在手册中定期画出地平线上太阳落山的位置。薇拉会精确地记录下任务时间内第一个日落和最后一个日落在地平线上的位置，但并不会每晚都去记录日落，她说："在任务快提交的时候，我会在中间摆上几个太阳……因为我知道太阳落山的位置应当怎样沿着地平线推移。"[8]

天文学对于薇拉来说似乎比较容易，法语则不然。薇拉在高中学习了4年的语言，法语课程中，她被安排在瓦萨学院最优等的班级。她和曾在法国访问和生活的年轻女性一起上课，她们可以说一口流利的法语。"这可能是我一生中最艰难的课程，"她回忆道，"我应该是吊车尾的水平。"薇拉几乎把所有的学习时间都花在了法语上，她回忆说，期末考试时要求学生用法语写一篇关于路易十四国王的文章。她写道，他被称为太阳王，但基本上仅限于此。教授质问她："难道这就是你对路易十四的全部了解吗？"

薇拉心想，是的，千真万确。

尽管薇拉没法很好地用法语讲述这位长期在位的欧洲君主，但她最终没有挂科。"我想我没有得过比 C 更差的成绩，但还是很糟糕。"她说。然而这门挑战性十足的课程并没有改变大学一年级新生薇拉对瓦萨学院的迷恋。她从不感到孤独，也不想家，不会想要坐火车回家。在瓦萨学院能学到的东西实在太多了。

复活节的时候，薇拉回家看望了父母，参观了他们的新公寓，并在美国海军天文台找到了一份暑期工作。当薇拉在瓦萨学院读书时，她的父母从华盛顿西北部搬到了位于特区西南部的特伦顿露台公寓大楼。第二次世界大战期间，他们一直租住在塔科马公园附近的联排别墅，战争刚结束，房东就卖掉了它，因此薇拉的父母不得不另觅住处。碰巧的是，特伦顿露台公寓大楼是由薇拉父母认识的格伯（Gerber）家族投资兴建的。"那是一个当地非常富有的家族，"她说，"他们的一个女儿或侄女是我的好朋友，这是我父母在那里得到一套公寓的原因之一。"她说那是一套可爱的公寓，虽然没有朝北的窗户，但问题不大，因为薇拉上学期间并没有在那里度过太多时间。她暑假回家的时候，去了海军天文台，确认那里曾承诺给她提供的工作。"所有文件都签好了。我的工位在那里，我应该要做什么都已经写出来了。但是不知何故，签约后的某一天，我收到一封信，告诉我这个工作岗位不能提供了，"薇拉回忆道，"我那时真的很需要钱。刚好我们的公寓在离海军实验室不远的地方。"

薇拉的父亲四处拜访，帮助女儿在实验室谋得一份工作，薇拉的姐姐则在图书馆工作。第一学年的暑假，她每天都到海军实验室参与一项研究反应时间的心理学实验。实验是这样设置的：插槽上有一张纸，纸上有一条竖直线，线上放了一支铅笔，这条线会移动，从一个地方跳到另一个地方，参与者则要移动她的铅笔，让线每次移动时铅笔都在线上。薇拉的工作是测量受试者移动铅笔的速度，以及铅笔越过线的距离。薇拉不仅负责记录数据，还作为受试者参与其中，这段经历对她来说非常有趣。

不知不觉中，夏去秋来，1946年秋天薇拉又回到了瓦萨学院。回到学校时，莫德·马克姆森正处于学术休假期，薇拉则开始在学校用望远镜和其他观测工具进行实验。那里至少有两架望远镜，玛丽亚·米切尔用过的 $12\frac{3}{8}$ 英寸望远镜和一台 5 英寸望远镜，后者配备了太阳单色光照相仪（spectroheliograph），用它可以拍摄单一波长下的太阳图像。"在房子里面的时候，我才会想到它的存在。它旧得快要散架了，我没法继续使用它，"她说，"但是那个 5 英寸望远镜还是可以用的，我说服一个朋友来帮我。我们晚上出去拍照，然后把底片冲洗出来。其实，我们只是在玩这个 5 英寸的望远镜。"那时候的薇拉还不是真正的天文学家，她说，自己"假装"是一名天文学家，但当马克姆森不在场的时候，她感觉可以更加自由地涉足这个领域。"莫德有点令人望而生畏，在她身边我常常觉得自己有些无能。她不在场的时候，我觉得我可以自由发挥，"薇拉说，"暗室的状况不是很好，但我找到了化学药品和底片，就像在家里鼓捣东西一样。"

诚然，薇拉说如果马克姆森在场指导，她可以学到更多东西，但比较难办的是，一名天文学家在瓦萨学院并不会得到特别的鼓励和支持，尽管玛丽亚·米切尔曾在那里领导项目并取得成就。"我觉得我并没有得到很多的支持。我的感觉是那里天文台很少，需要的天文学家也很少，"薇拉说，"当然我一点儿也不气馁，只是不能说我受到了很好的鼓舞。"总的来说，学校鼓励女性学习科学，尤其是物理学和数学。"但即便如此，天文学也是一个非常小众的门类，"她解释道，"它不是当时科学界的主流。"除此之外，薇拉还不想很循规蹈矩地从事天文学工作。"我不想开设一门课程，让我每周一晚上都必须去拍摄星星。这对我来说难以做到，"她说，"而且我认为，如果我向马克姆森索要些什么东西，也不会有积极的回应。"马克姆森离开后，薇拉按照自己的好奇心自由探索，自学星空观测。

1947年夏天，薇拉在大学二年级结束后回到家中，再次在海军实验室找到了一份工作，这次她与天文学家理查德·图西（Richard Tousey）共事。图西使用自制的摄谱仪，第一次获取了太阳的紫外光谱，该摄谱仪搭载在俘获的 V-2 火箭上。薇拉的工作是对光谱数据进行定标和再分析。她拿到了曾用在摄谱仪的入射孔径（光线进入仪器的地方）上的一个透明球形珠，并在光学工作台（就是一张由光源、镜子和屏幕组成的桌子）上使用它，然后她就可以让光线从珠子通过并测量出光线的扭曲[9]。

她还制作了一个直径 18 英寸的菲涅尔透镜（Fresnel lens），用于将光线聚焦。薇拉说："夏天的大部分时间我都在做光学工作。"根据瓦萨学院的课程要求，她撰写了一份关于太阳光谱的报告，借助她在海军实验室的研究经历，她获得了两个学分。而且，在 1947 年的夏天，她遇见了罗伯特·鲁宾（Robert Rubin）[10]。

第二次世界大战期间，罗伯特的父母住在巴尔的摩，他们在政府部门工作，每天都要在华盛顿特区和巴尔的摩之间通勤。战后，他们搬到了特伦顿露台，因为他们与兴建它的人也有些关系。薇拉的母亲罗斯和罗伯特的母亲贝丝（Bess）有一天在公寓大楼见面了，他们谈论了彼此的孩子，决定让薇拉和罗伯特也见个面。那是一个周末，7 月 4 日前后，薇拉和戈德堡夫妇以及他们的两个孩子一起外出庆祝节日。当她回到家时，她知道了罗伯特和他的家人，还有他们预定的晚餐。不过，据说两个家庭中的爸爸们已经以不太友好的方式见过面了。

薇拉的父亲皮特每天坐公共汽车上班，他会为一位残疾朋友占一个座位，这位朋友会在稍后的车站上车。有一天，罗伯特的父亲本（Ben）上了公共汽车，唯一可用的座位就是皮特留着的那个。"本想要这个座位，皮特不想让出，之后便发生了些争吵。那是他们在晚餐前最后一次见面。"罗伯特、本和贝丝来到了罗斯和皮特的公寓，罗伯特也被叫作鲍勃（Bob），薇拉和鲍勃也就此见面[11]。

两位爸爸之间发生的不愉快显然没有阻止薇拉和鲍勃开始约会。实际上，薇拉发现自己很快就喜欢上了鲍勃。那年的早些时候，她在瓦萨学院听过任职于康奈尔大学的著名物理学家理查德·费曼（Richard Feynman）的演讲。尽管她学习的是天文学专业，也是学校物理系的学生，但她很害羞，不敢和费曼说话。她说："对我来说，费曼是一个十分浪漫而传奇的人物。"在薇拉和鲍勃第一次约会的晚餐上，薇拉问在康奈尔大学上学的鲍勃是否认识费曼。鲍勃告诉薇拉，他不仅认识费曼，还师从于他。薇拉说，这立马使鲍勃变成一个非常有吸引力的人[12]。从那天起，他们就在一起了。他们会去看电影或棒球比赛，薇拉喜欢做这些事，鲍勃虽然不喜欢，但还是去了，因为他喜欢和薇拉待在一起。在其中一场比赛中，鲍勃穿着泡泡纱夹克。不幸的是，坐在他们身后的人正在抽烟，烟灰落下来把夹克烧了一个洞。薇拉后来才知道这件夹克不是鲍勃的，而是他从一个表兄弟那里借来的。虽然顺利过了那一关，但鲍勃确实有点尴尬[13]。

随着他们感情的发展，鲍勃开始在下班后与薇拉约会。"他在马里兰大学有一份暑期工，他从华盛顿西南部乘坐公共交通到大约 12 英里①外的马里兰大学，"她说，"他开始在我下车的地方等候我，他应该做出了很大的牺牲，因为到那里挺费劲的。"整个夏天都是这样，直到他们踏上各自的返校之路——鲍勃去康奈尔，薇拉去瓦萨。

虽然两个人异地了，但他们会讨论彼此的工作，谈论物理学的最新进展，当然也会说到薇拉在瓦萨的生活——她说在那里并不像从前那样愉快。当她在 1947 年秋天返校时，马克姆森也

———

① 1 英里 ≈ 1.609 千米。

休假回来了，她说："情况很糟糕，我都快要哭了。"她是班上唯一主修天文学的学生，这是她在学的最后一年（她选择了完成一个项目，那样就可以在3年内毕业）。那一年，薇拉学习了马克姆森和其他几位女性一起教授的轨道理论课程，这门课"有点意思"，但其中大部分内容的数学性很强，并不是那么有趣。薇拉是天体力学课上唯一的学生，但她说："我就是玩不转它。"如果没能完成作业，她将不得不在黑板上推导出方程。"我只能走到黑板前，却没法做对，"她说，"那太可怕了。"

虽然那门课上得并不愉快，但薇拉总是期待着鲍勃来访的周末。她说："我想我一定在很早的时候就决定了，就像对于天文学的决定一样……他就是我愿意与之共度余生的人。"不过，一直不停地约会并不那么容易。"我们都没有车，不能像有车的人那样生活，"所以鲍勃必须精心计划从康奈尔到瓦萨的路程。这段路"并不是很遥远，但也不容易到"，所以鲍勃会寻找开车到瓦萨那边或者顺路的人，然后他就搭个顺风车去看望薇拉。

感恩节前，在距第一次见面仅仅几个月后，薇拉和鲍勃订婚了。鲍勃闯入她的生活后，一切似乎都发生了变化。她的功课似乎没那么重要了，尽管她一直以来对待天文学都十分认真。她甚至开始有点儿不那么感兴趣了。"每当我不能做到某件事的时候，马克姆森就会说我不够努力，我应该更加努力。情况非常非常糟糕，"薇拉说，"在十分认真地考虑之后，她认为我会去结婚，而这就是我天文学生涯的终结。"[14] 显然，事情并没有这样发展。但当时，马克姆森和薇拉都不会知道未来将是什么样子。

4

线索：旋转的宇宙和射电天文学

尽管莫德·马克姆森担心——这种担心在当时很典型——婚姻将是薇拉天文学生涯的终结，但她还是选择嫁给了鲍勃。"那还是一个大学毕业就想着结婚的时代，结婚就是一个人该做的事。"薇拉回忆道，"我不知道一个女人是否应该急着找个丈夫，但事情的发展方向在某种程度上是预料之中的。"[1] 她嫁给鲍勃的决定也帮助她做出了下一个重要的人生选择：去哪里攻读天文学的研究生学位。在瓦萨的最后一年，薇拉曾联系普林斯顿大学询问其天文学专业，但得到的回复直接而草率，普林斯顿告知她，学校不招收女性，她只好转而寻找别处。她申请了哈佛大学并被录取，甚至还考虑跟随鲍勃到康奈尔大学，因为鲍勃在那里攻读物理化学博士学位。像对付其他所有事情一样，他们详细讨论了各种选择，最终薇拉决定和鲍勃一起，进入康奈尔大学。"我们给双方父母都写了信，告诉他们我俩结婚的打算……我们考虑过哈佛大学，但那样的话鲍勃只有两三年的时间去攻读博士学位，看起来我应该找一个更舒适的地方，"薇拉说，"于是我们决定去康奈尔大学。"[2]

做出决定后，薇拉写信给哈佛天文台台长唐纳德·门泽尔（Donald Menzel）——也是她在华盛顿业余天文学俱乐部期间遇到过的一位演讲者——告知自己不会去哈佛大学了。薇拉回忆说，唐纳德的回复还算友善，他在一封正式的信件后附上了一封潦草的信，感谢薇拉让他知晓，大意是："这就是你们女人的难处。每次我准备好接收一位学生，她就跑去结婚了。"[3]

1948 年 5 月，薇拉从瓦萨学院毕业，她计划于 8 月 22 日与鲍勃完婚，然后秋季开始在康奈尔大学攻读研究生学位。显然，和马克姆森所想的不同，对于薇拉来说，婚姻并不是她天文学生涯的终结。在某种意义上说，那反而只是一个开始。那时候薇拉当然不会知道，当她离开瓦萨学院，准备在康奈尔大学度过第一天的时候，许多影响她后期工作的科学线索就已经开始交织在一起：那些关于单个星系和星系群的研究，以及关于宇宙起源的新观点。

薇拉甚至在华盛顿特区的宇宙俱乐部参加了一次关于早期宇宙新观点的演讲和讨论。薇拉父母的朋友戈德堡一家对于薇拉的天文学家之路产生了很大影响，暑假时薇拉从瓦萨学院回家，他们带着她去听了那次演讲。宇宙学家乔治·伽莫夫（George Gamow）的研究生拉尔夫·阿尔菲（Ralph Alpher）在那里讲述了化学元素在早期宇宙中是如何形成的，这些过程对于塑造我们今天所见到的宇宙结构和组成至关重要。阿尔菲、伽莫夫和罗伯特·赫尔曼（Robert Herman）提出的观点是，宇宙起源于大爆炸（the Big Bang）。早在 20 世纪 20 年代和 30 年代初，乔治·勒梅特（Georges Lemaître）就曾提出过粗略的想法，他假设宇宙是由原初的"宇宙蛋"爆炸而来[4]。伽莫夫对这一图像进行了充实和拓展，他与阿尔菲和赫尔曼合作，应用了更定量的分析方式，得出原初宇宙是一团充满中子的极其炽热而致密的介质。

他们提出，随着宇宙的膨胀，气体压力下降，带正电的亚原子粒子开始形成，这就是质子。当质子与电中性的中子成对时，这个亚原子粒子对将被光的高能小包（光子）迅速撕裂，因为光子在早期宇宙中十分丰富。然而，随着宇宙的冷却，光子不再有足够的能量将亚原子粒子对分开，质子和中子开始结合在一起。质子和电子的结合会形成氢，氢捕获一个中子形成氘。氘再接受一个中子和一个电子后，就产生了氦……随着核聚变的进程，越来越重的元素开始形成[5]。对于聚变为何能以我们今天所看到的比例制造出所有的元素，人们仍抱有疑问，但阿尔菲认为，亚原子粒子的积累并不是长久的，因为有一种放射性衰变——β 衰变可以改变周围元素的丰度，有可能使元素丰度与天文学家的最新估算相符[6]。

伽莫夫是个爱搞恶作剧的人，他喜欢关于宇宙形成及其元素合成的一系列观点，而且他还对希腊字母着迷，并称呼自己的物理学家妻子柳博夫·沃赫明采娃（Lyubov Vokhmintseva）为"ρ"。这两种喜好叠加在一起，使得伽莫夫决定，在研究团队提交关于宇宙起源的论文时，他会加上物理学家汉斯·贝特（Hans Bethe）的名字，这样作者名单就会符合希腊字母 α、β、γ。据说，赫尔曼拒绝将自己的名字改为"Delter"以代表希腊字母 δ。在研究中承担重任的阿尔菲并没有因这个把戏而感到兴奋，而且任由伽莫夫这样去做，日后他有可能会对此感到后悔[7]。

　　抛开这些犯傻的事情不谈，伽莫夫对研究结果确实很严肃认真，他还曾与阿尔伯特·爱因斯坦有过讨论。作为爱因斯坦的老朋友，伽莫夫经常从华盛顿特区乘火车到普林斯顿看望爱因斯坦。两人会在那里一边散步，一边讨论关于宇宙的理论。在一次外出时，伽莫夫向爱因斯坦陈述自己的宇宙起源理论——宇宙几乎是在一次爆炸中瞬间产生的，以一种近乎无中生有的形式。爱因斯坦在街上呆住了，所有的汽车也都跟着停了下来，在他身后排成一列——这是在普林斯顿流传的关于伽莫夫和爱因斯坦散步的传说之一[8]。

　　爱因斯坦并不是唯一一个被宇宙起源理论吸引的人（除了大爆炸导致所有元素形成的这一观点，这个理论的大部分内容都被证明是正确的）。听到阿尔菲的演讲后，薇拉也被迷住了。她和鲍勃也经常就这个观点进行讨论。可能是在某次漫长的谈话中，鲍勃与薇拉分享了伽莫夫另一个疯狂的宇宙假设：整个宇宙围绕某个中心点旋转。伽莫夫 1946 年在《自然》杂志上写道："天文学研究最神奇的结果之一是，所有由物质连续累积而形成的不同层级的天体，如行星、恒星和星系，都处于或快或慢的自转状态中。"按照目前的理论，如果星系是"空间中原本均匀分布的物质在引力不稳定性扰动下的结果，"他写道，"那我们将很难理解为什么这些凝结在一起的物质在大多数时候都处于快速旋转的状态下。"[9]伽莫夫首先承认，根据物理学原理和目前对于宇宙的理解，整个系统的总自转应该是不存在的。但他也提醒读者，恒星的自转可能源于形成它们的气体团块的旋转，而行星的旋转则源于它们的母星的自转。于是，他提出，是否"可以假设可见宇宙中的所有物质都处于围绕某个中心的普遍旋转状态，而这个中心位于我们望远镜的可观测范围之外"？[10]

伽莫夫将其视为一个奇妙的问题，他认为天文学家应当动用当时世界上最好的望远镜，收集必要的数据来回答它。这个问题应当得到回答的念头一直萦绕着薇拉，随着射电天文学的第一批重大成果出现，她开始钻研此问题，而射电天文学的这些重要结果也成为她未来工作的一个至关重要的科学线索。射电天文学（就是在射电波段观测宇宙）的早期倡导者是荷兰天文学家扬·奥尔特，他在大约 20 年前就曾提出暗物质存在于银河系中。随着 20 世纪二三十年代奥尔特在荷兰莱顿天文台的晋升，他愈发坚定地要使荷兰跻身世界天文学的前列，第二次世界大战后，他开始特别关注射电天文领域。

受到与雅各布斯·卡普坦合作的影响，奥尔特继续致力于研究银河系的结构和动力学，他在 20 世纪 30 年代就开始提出疑问，我们的银河系是否呈旋涡状（就像纸风车那样）。雅各布斯·卡普坦是一位在测绘银河系结构方面发挥了关键作用的天文学家，尤其是在荷兰天文学界。因为其他星系——那时爱德文·哈勃已经证明这些星系在银河系之外——是旋涡状的，所以奥尔特猜想，银河系可能也是如此。他对银河系的研究将为薇拉后来探测我们星系和许多其他星系的动力学奠定基础。

然而，研究我们自己的星系一直以来都是困难的，因为我们身处其中，当局者迷，而不像其他星系那样，可以从外部观察。奥尔特明白这一点，因此当他在 1940 年读到业余射电天文学家格罗特·雷伯（Grote Reber）关于来自银河系中心的宇宙噪声（cosmic static）和射电辐射的先驱性论文[11]时，他开始思考射电波是否能为天文学家提供相比于可见光波段更为清晰的银河系图像。

卡尔·央斯基（Karl Jansky）的早期研究展示了来源于银河系中的射电信号，但雷伯的工作才"非常清楚地表明射电波将是研究星系的一个非常重要的工具，因为它可以研究整个星系盘而不被光的吸收所阻碍"，因为通常天体源和观测者之间的物质会吸收光源的一部分光，从而对光谱造成一定的污染[12]。

以新视角观察银河系的可能性对于奥尔特来说非常有趣，但他不得不等到多年后才能实践这个想法。当他读到雷伯的论文时，正值第二次世界大战期间，纳粹的铁蹄正席卷欧洲，这导致荷兰与外界隔绝，奥尔特与美国、欧洲同事的通信被切断。随着纳粹势力的增长，莱顿的犹太裔教授被解雇，不久后，奥尔特与同事保持团结一致，也离开了他的职位，搬到了莱顿以东一个名叫赫尔斯霍斯特的小村庄。

奥尔特有效地躲避了纳粹，他也了解到了亨德里克·C. 范德胡斯特（Hendrik C. van de Hulst）关于宇宙中的光线与气体、尘埃相互作用的工作。奥尔特随后请范德胡斯特检查有关宇宙噪声的现有数据，看看是否可以识别出射电波中电磁谱线。由于在电磁波谱的可见光波段存在化学元素的印记，包括吸收线和发射线，奥尔特推测射电波段中可能也存在这样的印记，如果真是这样，它们就可以用来研究星系中的星际气体。后来范德胡斯特认为，应该有一条谱线标记了中性氢原子能量状态的变化。这就是天文学家现在所说的 21 厘米谱线。它得名于原子改变其状态时发生的状况——它们发射 1420.4 兆赫兹的射电辐射，对应于 21 厘米的波长。

虽然范德胡斯特计算了这条线应该在哪里，并且推断它应该存在，因为宇宙中存在大量的氢，但他仍然不确定它是发射线还是吸收线。尽管如此，奥尔特还是受到了震撼，他清楚地看到了射电天文学的前景，并决心在荷兰建造射电天线，这一努力终将启动关于星系射电波和星系内部气体运动的一系列研究工作。就像伽莫夫关于宇宙的伟大想法一样，奥尔特的工作也吸引着薇拉，并激励她研究星系动力学，后来促使她对星系气体数据进行收集和研究，进而将鼓舞她依据自己的需要使用光学望远镜收集恒星和热气体的数据，并发现它们围绕星系核心的运动速度太快了。

不过那是很多年后的事情了。薇拉将先致力于伽莫夫提出的关于旋转宇宙的问题。和鲍勃结婚后不久，她就开始潜心研究这个问题。然而，他们的婚礼并没有完全按计划进行。婚期原定于 1948 年 8 月 22 日，在这个日子的几周前，薇拉和鲍勃已经开始寻找婚后居住的公寓。初夏，薇拉的一位朋友打电话说，她的阿姨，大概是华盛顿特区一个公寓楼的总经理，夏天要离开那里，薇拉和鲍勃如果愿意的话，可以住到她的公寓里去。6 月的那个晚上，薇拉离开家打电话给鲍勃。她不想让父母听到她的事，她问鲍勃是否想早点儿结婚，这样他们夏天就可以在华盛顿工作时住在一起。薇拉紧张地问鲍勃，鲍勃肯定地回答了她。

薇拉兴奋而得意地走回家，平静地告诉父母她和鲍勃打算提前结婚。父母没有反对，不过薇拉无意中听到父亲对母亲说："每个人都会说自己不得不结婚了。"薇拉也没有在乎。她打电话给暑期工作的海军研究实验室，询问她是否可以推迟一周开始暑期工。起初，回答是否定的。但当薇拉解释说她要结婚时，她获得了额外的一周假期来筹划婚礼。在标准局工作的鲍勃就没那么幸运了。实际上，婚礼当天，6 月 25 日，他起床穿好衣服就去上班了。这对新婚夫妇及其亲友当天晚些时候在 16 号街和 K 街的斯塔特勒酒店会面，鲍勃和薇拉交换了誓言和戒指。他们周末住在酒店，花的是薇拉从瓦萨获得的物理奖的 75 美元奖金。"那些钱结清了酒店账单，"她说，"我们在星期一早上就又回去工作了。"[13]

这对新人夏天在华盛顿度过，秋天去了康奈尔大学，薇拉将在那里开始攻读她的天文学硕士学位。

她到康奈尔大学的第一天就不顺利。后来成为她导师的威廉·肖（William Shaw）在门口遇见了她，对她说："学点别的东西吧……天文学专业没什么工作岗位，天文台很少很少，人们也不需要更多的天文学家了。"[14]

薇拉没有理会肖的劝退，继续开展自己的硕士论文工作，工作灵感源于她痴迷的一个问题——伽莫夫所提出的宇宙是否旋转的问题。薇拉的结论是令人震惊的——以至于肖最终提出要以他的署名在全国性天文学术会议上展示薇拉的数据。

薇拉拒绝了。她要自行展示自己的成果。

图 4.1 19 岁的薇拉·库珀在华盛顿特区市中心与罗伯特·鲁宾成婚

图片来源：鲁宾家族

5

追　星

　　尽管薇拉研究生生涯一开始就遭遇当头一棒——被导师威廉·肖劝退，但她希望导师的那些令人沮丧的话不是认真的。然而，几周过去，她对此仍不放心。两人之间一直存在的不和使薇拉十分依赖于丈夫帮助自己找到研究方向。鲍勃向薇拉推荐了乔治·伽莫夫 1946 年关于旋转宇宙的猜想性论文。星系动力学专家玛莎·斯塔尔（Martha Stahr）帮助薇拉收集了星系速度的数据，薇拉认为这些数据对于回答伽莫夫的问题是有助益的。钻研这个问题必然会使让薇拉与伽莫夫建立工作上的联系，而这一关系在日后对于她继续投身天文学事业相当重要。

　　然而，薇拉必须先在一个天文学家很少（于是天文学导师也很少）的地方获得硕士学位。她被聘为肖的基础天文学课程的研究生助理，不幸的是，这门课与薇拉本应第一学年参加的研究生物理课程相冲突。由于时间上的冲突，薇拉第一年将无法遵循经典力学和经典电动力学的学习顺序。但幸运的是，薇拉曾经崇拜的理查德·费曼决定帮助她，他是薇拉的物理学导师（肖是她的天文学导师）。费曼说服她在学习经典电动力学之前先选修他的量子电动力学，从而避免与肖的课程发生冲突。修完费曼的课后，她跟随菲利普·莫里森（Phillip Morrison）和汉斯·贝特学习。她提道："不得不说，康奈尔大学的物理学非常强大。"[1]

薇拉在1949年夏天目睹了天文学研究是如何进行的，那时她父母开车带她和鲍勃去越野，并在位于亚利桑那州旗杆市世界闻名的洛厄尔天文台驻足。一家人简单地参观了天文望远镜，简短地讨论了那里正在进行的科学研究，这让薇拉很兴奋，但也让她羡慕不已。"这些年轻人已经在从事天文学研究了，"她回忆道，"而我几乎还没开始。"[2]她感到一阵绝望。她这个年龄的男性已经在望远镜前观测了，而她甚至无法让论文导师认真对待自己对于天文学的兴趣。

薇拉回到康奈尔大学，又过了一个学期，她终于开始学习更多的天文学课程，并从玛莎·斯塔尔那里得到了一些鼓励，这让她对这门学科保持着兴趣。斯塔尔先在韦尔斯利学院任教，而后在加州大学伯克利分校学习，1943年在伯克利分校获得了统计学硕士学位，1945年在那取得了天文学博士学位，直到最近来到了康奈尔大学。1944—1945年，她还在利克天文台工作过。尽管当时有人质疑女性是否能操作望远镜，但大多数天文学家在战争期间离开了，因此她去那里帮忙管理天文台。天文台有一架克罗斯利36英寸反射望远镜，这是一个有点笨拙的牛顿望远镜，工作人员"使出浑身解数来操作它"，斯塔尔说，"没过多久我就和他一起干这活了……因为那望远镜一个人搞不定。"[3]斯塔尔在维护望远镜运行的同时，还用它测量了当时被认为是远离银道面的 50 颗恒星的速度。她试图证明可以通过记录恒星速度来研究星系结构[3]。

1950 年，斯塔尔加入康奈尔大学天文系，教授星系动力学课程，那时薇拉正在攻读硕士学位。薇拉发觉星系中的恒星运动以及整个星系的运动都令人着迷，那门课进一步激发了她的好奇心。她说："那门课真是让我得到了一个几乎整个职业生涯都在从事的方向。"在课堂上，薇拉开始认真考虑她的论文题目，最后锁定在了伽莫夫提出的关于宇宙中旋转普遍存在的问题[4]。薇拉决定深入研究它，毕竟那是一个很有意义的课题。行星环绕一个中心点运行，星系中的恒星也是如此——那整个宇宙呢？

逐渐有证据表明如此大尺度运动的存在，线索来自哈罗·沙普利和阿德莱德·艾姆斯（Adelaide Ames）的星系目录。该目录首次发表于 1932 年，揭示了星系聚合成超星系团（supercluster）——比后发和室女等星系团大得多的星系集合。不过仍有一些科学家假定星系随机散布于整个宇宙空间中，并随着宇宙的膨胀一致地远离我们。然而，薇拉从未被假设所说服。她不喜欢那些假设，主要是由于她认为不加质疑地接受它们似乎是不科学的。因此，她试图寻找一大群星系一起运动的证据。

"我能说出来的唯一动机就是单纯而普通的好奇心，"她说，"那是一个看起来值得回答的问题。"[5]

由于没有渠道和权限使用大型望远镜来自行收集数据，薇拉便开始写信给其他研究机构的观测者，请求获取他们所测量的星系速度。斯塔尔出手相助，她联系了威尔逊山的天文学家米尔顿·赫马森，他正好拥有薇拉所需的数据。斯塔尔向赫马森说明了薇拉想要做什么，并请求他共享其拥有的星系数据。赫马森拒绝了，他很快就将发表相关的研究结果，薇拉必须等到他的测量数据在科学文献中出现之后才能加以使用。这让薇拉很失望，不仅如此，还有其他令人失望的事情。有传言说普林斯顿大学的数学家库尔特·哥德尔（Kurt Gödel）也在研究旋转宇宙的问题，因此薇拉应该过一段时间再进行自己的分析。她回忆道："有过联系的理论家和观测家都给了我不再进行下去的理由。"[6] 但薇拉还是坚持自己，她使用了星系速度（特别是它们接近或远离地球的速度）和亮度的数据，这些数据发表在利克天文台的天文学家 H. D. 柯蒂斯（H. D. Curtis）的《天体物理学手册》（*Handbuch der Astrophysik*）上。她借鉴了扬·奥尔特发展于 20 世纪 20 年代后期的理论，该理论表明银河系旋转的形式就是其中的恒星围绕其中心旋转。薇拉解释说："似乎可以进行一个非常合理的外推，奥尔特的银河系旋转理论本来应用于银河系及其恒星，现在我们看看是否可以将它应用于宇宙中的众多星系。"[7]

1950 年年初，她怀上了第一个孩子，但还是坚持在寻求伽莫夫问题的答案，所以她收集了距离银河系相对较近的 38 个星系的尽可能详细的信息。她追踪了它们的运动方式，努力钻研数据。然后，她又尝试了另外 70 个星系。总之，这 108 个星系的确表现出一些额外的、无法解释的侧向运动。当她向肖展示研究工作时，肖说了两点：第一，"data"是一个复数词（薇拉的文稿中出现了语法错误）；第二，"他的另一个评论是，我从来没有重复过自己的结果，大意就是这项工作进行得相当马虎，"她回忆道，"他说我学东西很快，因而对细节不够重视。"

尽管提出一些批评，肖还是认为他应该在 1950 年美国天文学会（American Astronomical Society，AAS）的冬季会议上讨论这些结果，该学会是北美职业天文学家的顶级组织。鉴于薇拉的孩子在那个会议前不久就要降生了，而且她不是会员，肖提出由他来展示薇拉的研究结果，但署名却只有肖一个人。这是赤裸裸的性别歧视，薇拉做了自己在面对意料之中的性别歧视和学术圈的尊卑时几乎总是会做的事情：蔑视和反抗。

"噢，我会自己去。"薇拉对肖说[8]。

薇拉和鲍勃的第一个孩子，大卫·鲁宾（David Rubin），出生于 1950 年 11 月 28 日。大约 3 周后，她与鲍勃、大卫和她的父母一起去往 AAS 冬季会议。那时候，薇拉和鲍勃还没车，薇拉也不会开车，所以她的父母从华盛顿特区开车到伊萨卡城，接上薇拉、鲍勃和他们的小外孙子，然后又一路向南。这次旅程是痛苦的。当时正在下雪，从伊萨卡到费城附近的哈弗福德的路线要直接翻越波科诺山脉。作为司机的父亲后来告诉薇拉，这次旅行让他老了 20 岁。

经过一段漫长而紧张的旅程后，一家人终于安全抵达费城，薇拉父母亲的家族仍居住在这里，薇拉一家和他们有过小聚。会议报告的前一天，薇拉的妈妈和阿姨带着她去买了一件新衣服，然后她就回到住处演练自己的学术报告。她说："我像往常一样极其仔细地准备报告，我基本上能记住十分钟报告内容中的每一句话。"次日，12 月 30 日，她去参加会议，精心展示了研究数据并对结论进行了讨论。她认为，所研究星系中存在某种额外的集体运动。数据表明，宇宙中可能存在某种普适的旋转。在场的众人对她的说法多报以质疑和嘲讽。只有一位著名的天体物理学家，普林斯顿大学的马丁·施瓦西（Martin Schwarzschild），给予了一定程度的鼓励。不过他也温和地指出，要确定星系群表现出任何额外的集体运动，某种共同的旋转行为，她需要更多的数据。"那还是很有趣的，"薇拉回忆起施瓦西的说法，"拥有更多数据时，我们就会知道更多事情。"[9]

媒体在报道薇拉的结果时稍显夸张。一篇由美联社科学编辑霍华德·布莱克斯利（Howard Blakeslee）撰写的新闻说，"一位20 岁出头的年轻母亲震惊了美国天文学会"，薇拉的报告中所研究的星系群距离银河系 3500 万光年，"比最大型的望远镜能看到的距离远 3 倍"。这位编辑写道，她的计算表明她找到了"宇宙万物的中心"[10]。

新闻报道看似激动人心，但当时在场的天文学家对于薇拉的学术报告的反应则不温不火。尽管如此，薇拉还是在《天体物理学报》（Astrophysical Journal）上发表了她的研究概要。当时的编辑，叶凯士天文台的天文学家威廉·威尔逊·摩根（William Wilson Morgan）告诉薇拉，她可以将文章标题由《宇宙的旋转》[11]改为《内总星系的较差旋转》，这样更适合于她的研究工作[12]。即使报告结束后评价不是很好，研究工作受到很多天文学家的轻视，薇拉也并没有因此而耿耿于怀。"我对这项研究十分投入，对于参加会议也是，我还特地准备了新衣服，已经尽我所能，所以我走下讲台的时候还是比较满意的，"她回忆道，"对于一些评价，我当然也会觉得有些苦闷，不过我想天文学家就应该是这样的。"[13] 不过，薇拉将施瓦西的批评记在心里，她自己当然也希望能有更多数据继续进行研究。

由于无法使用足够强大的望远镜来获取她所需的数据，而其他人又拒绝分享他们的观测结果，薇拉陷入了困境，完成学术报告和发表工作概要之后，她开始感到迷茫。她在 10 月完成了硕士口试，大卫在 11 月出生，一个月后她在 AAS 会议上作了学术报告。之后，她就在等待鲍勃拿到博士学位，顺利的话将在第二年 6 月完成。她没有找到工作，甚至没收到任何面试通知，只能是默默等待。"说实话，我不知道将何去何从，不知道以后会发生什么，"她开始怀疑自己，"我真的会成为一名天文学家吗？"

鲍勃十分清楚妻子的焦虑——实际上，他在找第一份工作时，选择城市的一个依据就是，那里至少有条件让薇拉继续接受教育。他在田纳西州的橡树岭国家实验室找到了一份工作，但他认为对于薇拉来说，那里没有足够的攻读天文学博士学位的机会。他拒绝了包括这个职位在内的几份工作。鲍勃最终接受了约翰·霍普金斯大学应用物理实验室（Applied Physics Lab，APL）的一个职位，这里靠近华盛顿特区，如果薇拉愿意，她选择继续学习和研究时就有更多选项。"鲍勃是我最亲密的工作伙伴，也是我最亲密的情感支持者，"薇拉回忆道，"他自始至终都知道从事天文学工作对我来说是多么重要，他是一个极其善良的人，不会去做任何妨碍我职业生涯的事情。"[14]

鲁宾一家准备从伊萨卡搬回华盛顿特区，鲍勃也将开始在 APL 的工作。实验室吸引他们的一个地方是拉尔夫·阿尔菲在那里工作，还有伽莫夫的合作者，物理学家罗伯特·赫尔曼。薇拉说："了解到那些人在 APL 工作后，它对于鲍勃就更具吸引力了。"他对于和赫尔曼共事尤其有兴趣，赫尔曼在 1948 年与阿尔菲一起猜想大爆炸残余辐射的温度约为 5 开尔文[15]。赫尔曼还在研究分子对光的吸收（分子光谱学），鲍勃对此很感兴趣。鲍勃后来与阿尔菲共用一个办公室，两家人很快成了朋友。

虽然鲍勃在选择他的工作时有意帮助薇拉继续从事天文学工作，但他们决定薇拉攻读博士学位的计划暂缓。鲍勃和薇拉计划再要一个孩子，而他们已经有一个不满周岁的婴儿，加上还不确定以后会住在哪里，所以他们认为薇拉立刻开始求学也不太现实。当夫妇俩和大卫 1951 年搬到华盛顿时，她的首要任务是"找到一个住处"。"我来自一个非常传统而有爱的犹太家庭，希望有一个很好的家，一切都井井有条，"她说，"我不想直接跑去上学而不把房子和其他事情安排好，所以我先花了很多时间在房子上。"

鲁宾一家搬进了银泉东郊的一套公寓。薇拉按照自己的意愿布置了这个家，但很快意识到她不适应郊区生活。她与住在附近的其他幼儿的母亲实在没有太多共同点，而且很少有人会理解为什么每次《天体物理学报》送到鲁宾的家时她都会流泪。薇拉订阅了这本期刊，以便不在学校时能及时了解刚发表的前沿研究，但阅读这些文章时，她内心的某些东西被触碰到了，她非常清楚地感受到，自己想念从事天文学研究的感觉。她说，一篇关于双重星系质量的文章让她意识到不搞天文的生活是多么令人失望。她回忆说，和大卫待在家里的 6 个月时间里，她也说不上极其不开心，但那段时间确实有可能是她一生中最沮丧的时期。"在我的认知里，没有理由看着鲍勃每天都去上班，做他喜欢的事情，而我只能待在家里，"她说，"不做天文研究的日子太难熬了。"[16]

终于，鲍勃劝薇拉返回学校。她同意了，脑海中浮现出另一个担忧：如何告知她的母亲。薇拉担心母亲会认为自己不是一个"称职的妈妈"。她说："我不知道她是否会接受我想回到学校的想法。"令人惊讶的是，母亲完全支持薇拉，而且尽可能地提供帮助。"她为所有这些人做了所有事情，她非常直接地说，她会尽力花费精力来帮助我完成其余的事情。"[17]

另一个鼓励薇拉重返校园的人是乔治·伽莫夫。在鲁宾一家为鲍勃在 APL 的工作而搬迁到华盛顿的大约一个月后，伽莫夫打电话给薇拉。他在访问普林斯顿并与马丁·施瓦西交谈时听说了她在哈弗福德的报告。伽莫夫在电话里说，他正打算到 APL 作报告，想要知道她的研究细节并与实验室的同行进行讨论。薇拉热切地与伽莫夫分享了她的研究工作，尽管她无法参加他的学术报告。APL 当时有一条规定，员工的配偶最多只能进入实验室的大厅中。

虽然她没有获准参加伽莫夫在 APL 的学术报告，但他的电话和通信再次将薇拉与当时的天文学研究联系在一起。这种联系使她感到振奋，她开始查看乔治·华盛顿大学的课程目录，伽莫夫正在那里任教。当时，乔治·华盛顿大学没有招收天文学专业的研究生，只有物理学专业——这让薇拉很失望。她想专注于天文学范畴的问题，而不是更宽泛的物理学问题，所以她转而检索了乔治城大学的天文学研究生项目，并与天文学专业的负责人弗朗西斯·海登神父（Father Francis Heyden）进行了交谈。"我当时怀孕了，而且是犹太人，而那是一所天主教男校。我直接告诉他，想进入研究生院，目前已有硕士学位。他就这么同意了，"薇拉回忆道，"如果他拒绝了，我不知道何去何从。"[18]

薇拉于 1952 年 2 月开始攻读博士学位。

学费并不便宜。为了支付继续学业的费用，她向美国大学妇女协会申请了奖学金，但该组织并不打算资助她的研究生学习。"我们不会支持你，因为无论我们是否资助你，你都能够读完研究生，"薇拉回忆起那个面试她的女人说的话，"我们必须优先支持那些失去我们的支持就无法完成学业的人。"为了支付薇拉的学费，鲍勃的薪水几乎要被掏空了。

但比金钱更难办的事情也许是薇拉每周上两次课的后勤工作。当时夫妇俩只有一辆车，而薇拉还没有学会开车。薇拉上学就成了一件家庭事务，鲍勃下午 5 点离开他在银泉的 APL 办公室，要先开车去薇拉父母家接上她母亲，然后回到自己家中。薇拉在那里给大卫喂饭，而后薇拉妈妈帮着照顾大卫一会儿，接着薇拉和鲍勃一起上车，他开车送她去乔治城上课，上课时间都是在晚上。这是有意安排的，海登神父想包容在职或有其他限制的学生，例如刚刚组建家庭的人。

薇拉的课安排在乔治城的天文台，鲍勃会送她下车，然后坐在停车场等着。有时他会吃晚饭，然后去图书馆工作。课程持续两三个小时，结束后夫妇俩就一起回家。

这糟糕的日程促使薇拉迅速完成学业，而海登神父需要帮助她计划在仅两年内拿到博士学位。虽然她在康奈尔大学度过了一段充满挑战性的日子，但这也有助于她快速完成博士学业。在康奈尔大学，她选修了非常多的物理学课程，因此在攻读博士学位时，她的物理学课程要求已经完成了。加之在瓦萨学院的时候，她学过相当多的哲学课，所以现在也没有必须要修完的哲学课程的任务。"我对瓦萨学院的科学哲学非常感兴趣，所以我后来满足了博士阶段的所有课程要求，"她解释说，"乔治城大学允许学生用以往修过的课程来替代博士学位的课程要求。"薇拉说，海登神父尽心尽力帮助她完成课程要求，这与她的硕士导师肖刚好相反。薇拉说，这就是海登的作风，"他周围有一些需要特别照顾的陌生人，他因帮助我们而获得内心的愉悦。"[19]

在课程方面辛勤耕耘的同时，薇拉还着手进行一些小型研究项目以寻找博士论文课题。她使用天文台的 5 英寸望远镜试图测量恒星径向速度——这反映了恒星靠近或远离地球的速度。这是一项乏味的工作，但这些速度是研究星系动力学的重要数据。不过，这项工作并没有像旋转宇宙问题那样引发薇拉的兴趣。之后她致力于证认太阳光谱中暗弱的、未知的谱线，她的导师之一、国家标准局的卡尔·基斯（Carl Kiess）建议她将这个项目拓展成一篇论文。

薇拉对这个项目也不是特别感兴趣，她再次向伽莫夫寻求灵感。

6

团块化的宇宙

1952 年春天，鲍勃和怀着第二个孩子的薇拉一起驱车前往卡内基研究所的地磁系（Department of Terrestrial Magnetism，DTM）。这个部门成立于 1904 年，坐落在华盛顿特区著名的岩溪公园西侧，最初专注于测绘地球磁场。随着时间的推移，DTM 的科学目标拓展到更细致地探索我们的星球及其在宇宙中的位置。

当薇拉第一次访问 DTM 时，就感受到了那里的科学活力。她前往那里拜会乔治·伽莫夫，并讨论她的博士论文可能的选题。在过去的几个月里，她和伽莫夫通过几次电话，现在正考虑请伽莫夫做她的论文导师。那天，薇拉穿着棕白条纹相间的泡泡纱裙和夹克。这身整齐漂亮的衣服是从拉尔夫·阿尔菲的妻子露易丝（Louise）那里借来的（现在她俩是密友）。薇拉走进研究所，沿着一条摆满书籍的走廊走向图书馆[1]。几分钟的时间，就使她觉得，如果研究所愿意录用她的话，这里就是自己理想的工作之处。

当她推开图书馆的门时，伽莫夫在里面等她。

薇拉回忆说，虽然身为一位杰出的科学家，"对于解谜、游戏和科学技巧的热情犹如顽童。他时常带着一副牌，开始讲课时会把牌一张一张地垒在讲台的边缘，每一张都比底下的牌伸出来一点儿。他的另一个口袋里可能会装着用 20 厘米的绳子连接起来的两个小球。他常常转动小球，然后感受小球的运动受到的限制。"

他还有一张"太空军团"的会员卡，是通过寄出麦片盒里的优惠券换来的。

"伽莫夫不擅长拼写，有些简单的算术也不会做，"薇拉曾写道，"但他拥有一个洞悉宇宙奥秘的大脑。"[2]

伽莫夫对薇拉的硕士论文很感兴趣，其结果表明众多星系表现出一些额外的、暂时无法解释的侧向运动，它们具有大尺度的共同运动；这个想法符合伽莫夫对于宇宙的观点，即宇宙这个充满巨大星系群的广袤空间，可能围绕一个中心点运行。在图书馆见面时，伽莫夫很可能与薇拉讨论了这些想法和她的硕士论文，但关于谈话的具体内容的记忆已经模糊了。她不记得他们谈话的具体内容，只记得当天穿的泡泡纱衣服，还有与伽莫夫的谈话"将我和他所做的宇宙学工作联系起来"。

最后，伽莫夫希望薇拉去解决一个棘手的问题：星系分布是否存在一个特征尺度？换言之，星系是相对均匀地分布在整个宇宙中，还是聚集在一起形成比星系团更大的结构？当时已经出现了关于这种大尺度结构及其运动的一些线索。伽莫夫想弄清楚它们是否真实存在。他将这个极具挑战性的难题交给了薇拉。他没有给出具体方向，也没有提供什么指导，只提出了问题本身。"其他的一切，"她回忆说，"我只能自己想象和思考。"[3]

薇拉从文献中寻找一些已有结论和研究出发点。星系有可能聚集形成比星系团还大得多的结构。这个猜想的一条线索来自摄于利克天文台的照相底片，其中星系在宇宙空间中的分布呈一条线。薇拉的硕士论文认为，宇宙中的星系群在不同的集群中旋转，也表明了这样的超大集群——超星系团的存在。但之前做学术报告时，她被建议需要更多的数据来支持星系共同运动的结论。当着手研究伽莫夫留下的问题时（她将之作为博士论文的选题），她回想起那些批评后，就尽可能地去寻找更多更好的数据。

与此同时，她收到了来自普林斯顿的马丁·施瓦西的一封信。他是当时的学术会议上唯一对薇拉硕士论文的研究工作给予鼓励的天文学家。伽莫夫希望薇拉把她在硕士论文的完整版寄给施瓦西，以了解施瓦西对于发表整篇论文，而不局限于研究摘要的想法。施瓦西阅读稿件后，鼓励薇拉推进其博士论文，而不是仍花费大量时间在硕士论文的相关工作上。"我认为你有关旋转宇宙的研究工作的目的之一是引起天文学家对这个重要问题的关注，并让自己成为致力于这个问题的先驱，"他写道，"你在哈弗福德会议上的演讲和研究概要的发表都成功地做到了这点。"

施瓦西在给薇拉的一封信中说，推进这个项目的性价比不高，因为新的速度数据很快就会由威尔逊山天文台发布，数学家库尔特·哥德尔也在持续研究他的旋转宇宙理论，而且薇拉的技术路线在变得"足够保险"之前必须"多加改进"。不过，施瓦西也告诉她不要因为其他天文学家的批评而感到气馁或惊恐。"你为第一个工作选择的课题非常迷人……但也非常棘手。"施瓦西对薇拉目前研究的问题和伽莫夫向他分享的宇宙中的星系集群问题很感兴趣。"不得不说，你正从一个迷人的课题进入下一个。"他鼓励她在完成分析后分享研究结果，并提前为她"几周后的大事"送上祝福[4]。

这件大事指的是薇拉和鲍勃的第二个孩子的出生。夫妇俩已经开始为孩子的到来做着准备，并用周末的时间来寻找一个合适的家。1952年9月的一个星期一，薇拉在凌晨两点醒来准备要分娩，而上个周末他们还在找房子。在医院停车场，夫妻俩见到了薇拉的父母，他们会在薇拉分娩时照看大卫。她把大卫留在父母身边后，就进医院等待了……薇拉回忆说："医院非常繁忙，我一个人被放在大厅里，然后就被忽视了。每当我试图呼叫护士时，就会有人说，'你看不出我们很忙吗？'"[5]

当护士终于来照看薇拉时，已经是凌晨4点50分了，那时她几乎准备好分娩了。没等薇拉抗议，护士就给她打了一针麻醉。20分钟后，她的女儿朱迪思（Judith）出生了，但是薇拉处于麻醉状态，错过了孩子出生的那一刻。"我很生气——我几乎是独自完成了整个分娩过程，没人跟我说一句话，然后还错过了最后那一刻。"但孩子还是很健康的，很顺利地来到了人世间，所以薇拉也没有过多抱怨。

没有多少时间庆祝，朱迪思出世8天后，薇拉就去乔治城大学注册她的秋季学期（父亲为薇拉排队等候，直到轮到她）。之后，鲍勃、薇拉和她的父母再次开始那套复杂的接送流程，从而确保薇拉能够上课，照顾家庭，并且继续埋头苦干，研究伽莫夫提出的问题。

伽莫夫最想要的是一个数字：星系之间的平均距离。但关于回答这个问题的方法，伽莫夫本人也比较模糊。回答这个问题基于样本星系之间的距离，带有一定的主观性。薇拉必须自己找到一条道路。"伽莫夫就是这样的人，"薇拉说："不过我知道自己应该做什么。他只是负责抛出这许多有趣的问题。"她需要很多星系的数据，所以在海登神父的帮助下，她试图从著名的哈佛天文台星系表中获取星系的数目和数据。第二次世界大战期间，海登曾在哈佛大学攻读博士学位，并与那里的天文台负责人哈罗·沙普利等人建立了联系，他可以从沙普利那里获得星系表[6]。然而，薇拉拿到这些数据后，不是很清楚如何处理它们。她只好从头开始，通过自学来解决问题。找到能帮忙的人并不容易。在普林斯顿大学，研究人员和学生经常在学术研讨会等正式场合上讨论他们的工作，也会在非正式的场合互相交流，比如喝咖啡的时候。乔治城大学则不同，虽然它灵活地满足了像薇拉一样有特殊情况的学生的课程需求，但对于研究的指导就相对有限。薇拉的丈夫一直鼓励着她，并提供了关于研究方法的线索。通过鲍勃，薇拉找到了另一位合作伙伴——弗朗索瓦·弗伦基尔（François Frenkiel），他是 APL 的流体动力学家，也是一位杰出的数学家。起初，薇拉在 APL 的一些小隔间里和弗伦基尔会见过一两次，因为 APL 不允许员工的配偶进入内部。"后来，他不想再忍受这样的不便，于是他帮助我获得了进入实验室的许可，"她回忆道，"在那之后，我可以去办公室找他。"[7]

弗伦基尔给了薇拉非常有价值的建议。他建议她使用一种特定的数学工具——两点相关函数，来分析哈佛星系表中的星系分布。天文学家们在当时已经基于星系在宇宙空间中均匀分布的假设，估算出星系之间的平均距离。弗伦基尔说，依据那个粗略估算的距离，她可以计算出从某个起始星系移动一定距离后恰好落在另一个星系上的概率，并将这些概率应用于实际数据：在哈佛星系表中选取特定星系，计算出在距该特定星系给定距离的地方找到其他星系的概率。如果根据数据计算的概率高于基于星系在宇宙中随机均匀分布的假设得出的预期概率，那么真实宇宙中的星系就会表现得更为聚集，而这可能源于组成早期宇宙的介质中的剧烈运动或湍动（turbulence）。

薇拉说："解决这个问题的一种方法是对宇宙中的这些星系应用两点相关函数方法。"不用去上课的时间里，她夜复一夜地工作着，计算在宇宙中某个区域内找到星系的概率。这是一项烦琐的任务，只能一点点手动完成，而她经常就在餐桌上工作。

她会定期与伽莫夫会面讨论工作进展，地点在 DTM 的图书馆，或者是在马里兰州切维蔡斯附近的伽莫夫家中。她说："那还是挺愉快的，我们会交流彼此正在做的事情。"然而，并非所有的会面都那么和谐。"我记得在他家里有过一两次让我很尴尬的会面。我猜那时他正在与妻子闹离婚，"薇拉回忆说，"他总是因为琐事指责她，总会对着她咆哮。我应该从来没有见她出现过，甚至不知道她是否在房子里。"伽莫夫总是臆想她在屋子里，并且朝着"她"尖叫：为什么要翻他的论文？为什么要拿走里面的一些文件？为什么他找不到想要的东西了？[8]

薇拉虽然对这种暴怒感到不安，但还是继续与伽莫夫合作，追寻他提出的宇宙星系分布问题的答案。在分析哈佛星系表的星系计数时，她注意到了一些异常之处：星系亮度的测量结果不自洽。一个天体的亮度提供了它距离地球有多远的线索，因此薇拉需要星系亮度，以及由此推出的距离的准确测量结果，以确保她将所研究的星系定位于正确的区域中。

注意到这些不一致之处后，她写信给收集数据并编制该星系表的领导者沙普利，看他能否提供帮助。沙普利回复说："听说你认为哈佛星系表的星系计数有误……"接着他询问了细节。薇拉和沙普利随后往来通信，他们尝试找出问题所在并解决它（如果问题确实存在的话）。

当薇拉在花大力气分析星系数据时，在澳大利亚工作的天文学家杰拉德·德沃库勒尔（Gérard de Vaucouleurs）在《天体物理学报》上发表了一篇论文，认为银河系及其近邻星系处于一个巨大的星系集团中，即所谓的超星系（supergalaxy）。他写道，这一发现（星系分布呈现出细长的卷须状）提供了薇拉的硕士论文和哈佛星系表之外的证据，证明所研究的旋涡星系确实聚集成了比星系团更大的结构——这其实在一定程度上回答了伽莫夫向薇拉提出的那个问题。[9]不知不觉中，薇拉卷入了河外天文学中一个富有争议的方向：宇宙中存在大尺度结构吗？德沃库勒尔的研究工作给出一个肯定的回答。薇拉的博士论文可以证实或推翻这一结论，而回答这个问题的关键就是星系计数。

在 1953 年的一次夏季会议上，薇拉有机会更深入地探讨数据中可能存在的错误。她向美国国家科学基金会申请资助，用来参加为期 4 周的暑期学校，但遭到了拒绝。她决定无论如何都要去一下，至少参加两个星期。鲍勃陪薇拉一起前往，她的父母则帮忙照看孩子，两个孩子一个 3 岁，另一个还不满周岁。这段暑期学校的经历证实了她的选择的正确性。她说："在密歇根暑期学校的那个夏天，我结识了一些天文学家。"[10] 伽莫夫也去参加了那次会议，还有来自威尔逊山天文台的沃尔特·巴德（Walter Baade）、伦敦大学的杰弗里·伯比奇（Geoffrey Burbidge）和玛格丽特·伯比奇（Margaret Burbidge）夫妇等，高朋满座。伽莫夫是薇拉的支持者。"他让暑期学校对我来说变得非常友好，"她说，"他安排了一两个下午与巴德进行长时间会谈，我们用了几个漫长的下午讨论星系。"这个小组还花了大量时间讨论恒星，因为暑期学校的参会者里有一位来自加州理工学院的新科博士艾伦·桑德奇（Allan Sandage），他收集了大量的星团数据，并基于此做了学术报告。他将恒星的本征亮度与它们在赫罗图（Hertzsprung-Russell diagram）上的颜色进行了比较。赫罗图是一种强大的图形工具，天文学家用它来展现恒星如何随时间演化。

赫罗图还可用于估算我们到星团的距离以及阐明恒星之间巨大的物理差异，例如巨星与宇宙中更为普遍的矮星之间的区别，而我们的太阳就是典型的矮星。

矮星落在赫罗图中从左上至右下的称为主序（main sequence）的一条曲线附近，巨星则位于这条曲线的右上角。几十年来，天文学家一直认为巨星是年轻的恒星，通过引力收缩（gravitational contraction）而成为矮星，但有一个天文学家还无法完全解决的难题：为什么不同的星团似乎有着不同的恒星演化轨迹，从而产生不同的赫罗图？大多数星团都有落在主序上的恒星，但也有一些恒星在不同的地方离开主序，进入巨星区。这很难用引力收缩理论来解释，伽莫夫长期研究恒星演化和恒星内部氢合成氦的过程，当然觉得自己能解决这个问题[11]，因此他对沃尔特·巴德说了一句名言：告诉我恒星离开主序的位置，我就能告诉你星团的年龄。

根据其他学者的建议，伽莫夫假设随着恒星漫长的演化过程，恒星核心中的氢耗尽（氢的消耗为恒星提供了亿万年的能源），这就是导致恒星偏离主序的原因。质量大的恒星比质量小的恒星离开（主序）更快，所以这是一个合理的猜想。然而，这个过程具体是如何发生的，多年来一直存在争议，伽莫夫的猜想后来才被证明是正确的。他的理论还需要其他人的重大改进，比如马丁·施瓦西。然而，伽莫夫常常在有数据支持之前，早早地就创造性地指出天文学难题的解决方法，这一点已经广为流传。"他拥有令人难以置信的科学直觉，"薇拉说，"但他也相当的特立独行，不从事具体的细节工作。"伽莫夫总是在设想解决问题的方法，"他的大脑就是这样工作的，充盈着灵感"。[12]

在 1953 年的暑期学校里，听到桑德奇介绍关于赫罗图的初步观测研究，并一路聆听伽莫夫与其他天文学家的争辩与讨论，薇拉发觉除了恒星，天文学家还在争论着很多事情，她总结说，争议在天文领域广泛存在。

薇拉在会议上的大部分时间都在聆听与追踪当时天文学前沿的争议，同时也有机会与巴德、伽莫夫等人讨论哈佛表中星系计数不一致的问题。恒星的亮度和距离并不是当时唯一存在问题的数据，星系的亮度和距离也是如此。薇拉与科学家的讨论并没有完全解决她的问题，她回到华盛顿特区时也没有获得太多关于如何推进博士论文的指导。1953 年秋天，她仍有课程要完成，在下午和晚上则继续着两点相关函数的计算，常常是在孩子们睡着的时候进行。"我会让他们同时打盹。"她说，"这样就可以持续工作一两个小时。"当他们醒来后，她就做晚饭，吃完晚饭再接着工作。"我几乎所有的论文工作都是在家里完成的，大部分是在晚上 7 点到凌晨 2 点的时候做的"，也就是孩子们上床睡觉以后。

几个月后，薇拉将论文初稿邮寄给了正在加州大学伯克利分校访问的伽莫夫。他回信说这篇论文"看起来相当不错"，尽管他"无法让自己投入到细节工作中……但想来没啥问题。"[13]

在美国西部访问时，伽莫夫肯定向伯克利的统计学家伊丽莎白·斯科特（Elizabeth Scott）和耶日·内曼（Jerzy Neyman）提到了薇拉的工作，伽莫夫在一封信中说，他们认为薇拉正在进行的工作是无法完成的。薇拉回忆说，斯科特来到华盛顿，在肖勒姆酒店参加统计会议，并以与薇拉论文相同的主题作学术报告。薇拉很想知道斯科特的报告内容，她找人来照看孩子，抽身去听斯科特的报告。当斯科特讲完后，薇拉鼓起勇气走上前去介绍自己。她说："我想她一定知道我的名字，知道我正在做这件事。"薇拉希望能和斯科特多探讨一下工作，但斯科特说她没有时间。这不是薇拉那年第一次吃到闭门羹，在密歇根参加暑期学校时，她曾经去敲密歇根大学天文学家迪恩·麦克劳克林（Dean McLaughlin）的门，问他是否有时间讨论，他也是直接予以拒绝。

她下一次被拒是拜芝加哥大学的苏布拉马尼扬·钱德拉塞卡（Subrahmanyan Chandrasekhar）所赐，他当时是《天体物理学报》的编辑，也是一位天体物理领域的巨人，以精确计算哪些恒星会以炽烈的超新星爆发（supernova explosion）死亡而闻名。薇拉已经完成了博士论文，并提交给他以求发表，尽管伽莫夫警告她不要将论文投到这家期刊。伽莫夫告诉她，可以提交给美国国家科学院出版。他可能也建议过薇拉把论文提交到其他地方，因为多年来他一直在和钱德拉塞卡争论恒星内部物理机制，感觉到这项由他指导的工作可能会被拒绝。薇拉没有听从伽莫夫的建议，将手稿寄给了钱德拉塞卡，得到的回复是这篇论文不会被发表。钱德拉塞卡解释说，他的一个学生在研究同样的问题，他认为应该等到其学生也完成相关的研究工作。当薇拉写信给伽莫夫告知这件事时，他寄回来一张明信片，上面写着醒目的一句话："我早告诉你了。"[14]

　　再次投稿的时候，薇拉听从伽莫夫的建议，将博士论文寄给了《美国国家科学院院刊》（*Proceedings of the National Academy of Sciences*）。该论文于 1954 年 9 月被接受并发表，描述了如何使用湍流理论中的工具计算星系的空间分布，薇拉认为如果"星系是由湍动的气态介质凝结而成的"，则这种方法在物理上就是合理的。如果伽莫夫关于宇宙起源的理论（大爆炸）是正确的，那么早期宇宙中的星系是由沉降气体形成的，这些气体会产生剧烈而混乱的运动，因此，薇拉根据这个湍流理论得出结论，宇宙星系尺度长度的上限应该是大约 10^7 秒差距，即约 3200 万光年，"其数量级与星系团尺度相当"。[15] 薇拉的一系列计算并未排除超大尺度的星系团（类似于沙普利和艾姆斯在照相底片中看到的超星系团）的存在；然而超星系团是否存在仍是一个争论的焦点，其证据看起来缺乏说服力。在薇拉发表论文一个月后，内曼与斯科特在同一期刊上发表了一篇论文，评论了薇拉以及钱德拉塞卡的学生 D. 纳尔逊·林伯（D. Nelson Limber）的研究结果。内曼和斯科特在文章中重申了他们之前在与伽莫夫的会谈中提出的观点：以薇拉和林伯的方式无法解决星系分布问题。他们认为，必须以一种与现行策略不同的方法来回答这个问题。

　　读到对自己工作的批评后，薇拉再次感到挫败，而且开始怀疑自己。尽管薇拉正在攻读博士学位，研究着很多人不敢挑战的关于宇宙的难题，但她仍然觉得自己还没有真正进入天文学的圈子。她没有像同龄的男性天文学家那样，发表自己的工作成果且广受好评。她也从来不能像他们那样使用一流天文台研究星空，因为她无法获得许可。她在研究过程中只得到了很少的指导，而普林斯顿大学等单位的研究人员却有着丰富的帮助和指导。相比之下，她认为自己不是一名真正的天文工作者，怀疑自己是否会成为一名天文学家。幸好，她还没有放弃。

7

生涯挑战和星系难题

虽然薇拉在怀疑自己是否能成为一名真正的天文学家，但她尽量不让对失败的恐惧充斥在脑海里。"我让自己保持着内心的快乐。我不停地自我暗示，我正在做很少有人做过的事情。"她说，"就这样，我坚持了下来。"[1]

积极的付出得到了回报。薇拉于1954年春天毕业于乔治城大学，获得天文学博士学位。学位在手，还在《美国国家科学院院刊》上发表了博士学位论文，薇拉得以在马里兰州的蒙哥马利学院任教，然后于1955年得到了乔治城大学的研究教授职位。她在新职位上的第一篇研究论文发表于当年6月，主题是银河系的结构。这项研究借鉴了扬·奥尔特使用射电望远镜的工作——他测量了银道面中氢云的径向速度。

在第二次世界大战结束时，奥尔特着手建立必要的科学和政治上的联系，以建造一个大型射电望远镜，望远镜的科学目标是观测围绕银河系核心旋转的由气体、恒星和尘埃构成的薄饼状盘。奥尔特最初提出了25米射电望远镜的构想，但当时资金并不充足，工程师也不具备操作这样庞大天线的经验，所以他只好退而求其次。

在荷兰邮政、电话与电报服务公司的 A. H. 德沃格特（A. H. de Voogt）的帮助下，奥尔特得以使用一个 7.5 米的射电接收机，这是他从荷兰海岸收集的数个射电接收机之一。第二次世界大战后，德国人丢弃了他们的天线，德沃格特准备将它们改造成用于科学研究的望远镜。他打捞了反射器，把它们带到莱顿以东约 70 英里处的荷兰村庄库特韦克，并分配了一台仪器用于银河系研究，其他则用于研究地球大气和太阳。当射电望远镜项目初具规模时，奥尔特提出了现在广为人知的太阳系的一个概念：一个布满彗星的云团——奥尔特云（Oort Cloud），环绕在太阳系的边缘[2]。奥尔特和同事们调试好射电接收机之后，就马上开始寻找来自银河系的射电辐射，特别是 21 厘米谱线——对应于中性氢原子的能量状态改变时发出的射电波波长。

工作正在加快推进时，一场大火烧毁了射电接收机。到 1951 年春天，研究团队对射电接收机进行了必要的维修，而且逐渐锁定了寻找已久的 21 厘米谱线。这条谱线由哈佛大学的研究人员哈罗德·欧文·埃文（Harold Irving Ewen）和爱德华·珀塞尔（Edward Purcell）率先发现。亨德里克·C. 范德胡斯特曾预言了谱线的存在，当时他正在马萨诸塞州剑桥市访问埃文和珀塞尔，那时哈佛的研究团队已告知范德胡斯特，他们在几周前探测到了 21 厘米谱线。他们询问范德胡斯特是否可以写信给库特韦克的研究人员以确认结果[3]。范德胡斯特迅速草拟了一封信，并分享了有关如何捕获信号的重要细节。利用这些信息，荷兰的研究团队也证认了 21 厘米谱线，两个团队都在 1951 年 9 月发表了他们的结果。在荷兰团队的论文中，射电天文学家指出，他们的观测证实了奥尔特早先的猜想，表明银河系确实在围绕一个中心点旋转。

奥尔特继续使用射电望远镜研究银河系，证明了银河系中存在由恒星和气体构成的旋臂[4]。银河系是一个旋涡，和我们的近邻仙女星系一样。这又引发了另一个问题：旋臂中的气体云环绕银河系中心旋转的速度有多快？

使用库特韦克的接收机，研究人员记录了中性氢云的速度，然后绘制了其速度与到银河系中心距离的关系图。由此他们得到了银河系的自转曲线，从银心附近一直延伸到太阳距离处。自转曲线显示，所有的气体云都具有大致相同的运行速度：它们以约 200 千米每秒的速度绕银河系中心旋转，直至距离银心大约 26000 光年，这个速度还保持相对一致。银河系的气体和恒星，无论到银心距离的远近，看起来都具有相似的速度。然而，当时没有人质疑这些结果，或者注意到它们暗示了暗物质的存在。

那时，天文学家很自然地认为：依据牛顿的万有引力定律，太阳绕银心的公转轨道之外的恒星和气体的旋转速度会有明显下降。奥尔特及其同事没有深究在距离银心更远处气体和恒星的行为，而是使用这些数据估算得出银河系质量约为 700 亿太阳质量[5]，然后就将研究兴趣转向了其他主题。

薇拉则对自转曲线的结果很感兴趣。她想知道气体云是否有额外的速度，即所谓的流速度（streaming velocity），或者测量结果是否真实反映了我们想知道的物理量。使用射电观测数据（21厘米谱线），她计算出气体云确实具有流速度——比奥尔特最初给出的速度快 5 ~ 10 千米每秒。她主张，这个额外速度使得我们有必要微调一下奥尔特提出的银河系图像。根据她的计算，奥尔特观测到的气体云事实上比他给出的距离更靠近银心，这意味着银河系的一条旋臂实际上正在向内旋转[6]。

这项工作是薇拉这个时期内关于星系的最后一篇论文。在接下来的 5 年左右，她将研究重点放在了太阳上。她在乔治城大学任职时的部分资金来自学校的拨款，其研究人员可以分析日食观测结果，她会力所能及地提供帮助。1955 年秋天，她和家人搬到了美国中西部，鲍勃接受了伊利诺伊大学厄巴纳香槟分校的博士后职位，因此 1955 年和 1956 年，全家都住在伊利诺伊州，而薇拉则以远程工作的方式继续任职于乔治城大学。薇拉回忆说，她再次感到孤立无援。厄巴纳香槟分校是一个以男性为主的校园，她觉得自己被大学拒之门外。薇拉无法与附近的天文学家和物理学家取得联系，而且没有做自己本来想做的研究。她说这又是一段人生的低谷。

薇拉和鲍勃的第三个孩子卡尔（Karl）出生于 1956 年，"那时忙着抚养孩子，"她说，"我只能咬牙坚持，对我来说确实有点忙不过来。"她回忆说："我以一个前所未有的程度追踪当时的文献。我几乎阅读了所有新出炉的前沿研究。也就是说，我一直保持学习，只是那时候没能做真正有影响力的研究。"[7]

当时的主流研究之一是确定宇宙中的化学元素是如何形成

的，或者说比氢和氦更重的元素是如何产生的。玛格丽特和杰弗里夫妇几年前就开始这项研究，随着薇拉阅读更多关于这个方向和相关学者的信息，玛格丽特也成了她的榜样。

1919 年，玛格丽特出生于英国达文波特，原名埃莉诺·玛格丽特·皮奇（Eleanor Margaret Peachy），父母都是化学家。玛格丽特的母亲坚信两个女儿都将事业有成，因此在母亲的熏陶和要求下，玛格丽特童年时就对数字和算术很感兴趣，后来开始研究恒星[8]。1943 年在伦敦大学学院获得天文学博士学位之后，玛格丽特申请了卡内基奖学金。申请成功的话，她将能够使用威尔逊山天文台上先进的望远镜。然而，可能是身为女性的缘故，她最终收到了拒绝信[9]。于是，她留在了伦敦大学学院天文台，使用学校天文台的摄谱仪进行科学研究。摄谱仪是一种可以安装在望远镜上的工具，用以记录天体光谱（不同波长辐射的光强度）。1948 年，她成为伦敦大学学院天文台的台长助理，并与杰弗里·伯比奇结婚。她和杰弗里随后在叶凯士天文台工作，在那里她获得了国际天文学联合会（International Astronomical Union，IAU）资助的研究人员职位。从叶凯士天文台返回英国后，她开始和她丈夫，以及英国天文学家弗雷德·霍伊尔（Fred Hoyle，正是他创造了"大爆炸"一词）、加州理工学院的核物理学家威廉·福勒（William Fowler）合作，共同研究元素起源课题。

霍伊尔在 20 世纪 40 年代就提出了元素通过核聚变方式合成的观点。到 50 年代中期，玛格丽特终于可以在威尔逊山天文台进行观测，但她是作为丈夫（他获得了卡内基奖学金）的助手在那里工作的。在威尔逊山上，玛格丽特开始使用摄谱仪研究恒星及其内部元素，福勒则在他的实验室中进行相关元素的实验。他们研究了天文台观测和实验室收集的数据，使用霍伊尔和杰弗里·伯比奇的理论对数据进行建模，终于得出了恒星内部发生的核反应过程。这些核反应，包括在更大质量的恒星所经历的猛烈爆炸状态（超新星爆发）下发生的反应，可以解释从氢到铁，以及比铁更重的元素的形成。他们的理论几乎解释了所有元素的起源——构成恒星、行星、我们自身以及宇宙中其他一切物体的元素[10]。正是这项研究工作使天文学家相信构成我们的物质来源于恒星的内部，可以说我们是星星的产物。

相关的天体物理学理论革新了人类对宇宙的理解以及对重元素形成过程的认识。这些发现还有其他方面的意义：研究过程中，伯比奇夫妇开始思考星系中的恒星及其运动，对它们进行深入探索时，使用了一种对于薇拉未来的研究来说不可或缺的技术[11]。

不过在学习这项技术之前，薇拉花了数年时间在太阳光谱上。当她和家人于1956年返回华盛顿特区时，她仍任职于乔治城大学，并且前所未有地在行星、太阳和日食的研究上投入了大量时间。她直接与美国国家标准局的天文学家夏洛特·摩尔·西特利（Charlotte Moore Sitterly）合作，当时该局有许多致力于原子光谱的研究人员，西特利尤以对太阳光谱的研究而闻名。西特利给了薇拉3英尺①长、1英尺高的太阳光谱照片（摄于威尔逊

① 1英尺 ≈ 0.3048 米。

山的一座太阳望远镜），并教薇拉如何测量它们——这还是西特利第一次正式地介绍测量光谱数据并解释结果的过程[12]。

一年后，薇拉收到了莫德·马克姆森一封令人欣喜的留书。虽然薇拉从瓦萨学院毕业时，她们的分别并不那么愉快，但马克姆森一直留意着薇拉的发展，并对她取得的成绩由衷地赞赏。"你是世界上的一个奇迹"，马克姆森写道，"养育这样一个可爱的家庭，取得了学位，并依照自己的兴趣继续着对天文学的探索。"马克姆森的信在称赞薇拉之余，提出了一个请求：薇拉是否能考虑从她手中接过瓦萨学院天文台的台长职位并负责天文系的工作？"我不想看到其他人来管理天文系和天文台，"马克姆森写道，"我敢打赌，你将会给它们注入新的活力！"

马克姆森建议鲍勃考虑在拥有大型电子计算机的 IBM 找一份工作，并敦促薇拉如果有意愿就快速回复，马克姆森的原话是"在我们聘用一个二流的年轻男性之前"。她表示，雇用一名男性将打破自 1865 年瓦萨学院天文台成立以来一直由女性管理的传统，这将是"巨大的遗憾"。马克姆森坚定地写道："当今天文学的发展潜力是巨大的，这个行业里的机会也很多。"她希望薇拉能接受邀请[13]。

但当时还不是举家搬迁的好时机，所以薇拉没有接受瓦萨学院的这个职位。她留在乔治城大学，继续关于太阳的研究工作，她开始研究太阳临边昏暗（limb darkening）现象——这是一种光学效应，在有些图像中，太阳的边缘似乎比中心昏暗得多。在非洲 3 个地点的 1952 年日全食期间拍摄的太阳图像中，这种效应均有出现，薇拉利用相关数据计算了在临边昏暗效应下太阳外边缘的亮度。当准备发表结果时，她再次遇到了麻烦——苏布拉马尼扬·钱德拉塞卡仍然是《天体物理学报》的编辑。

薇拉将关于太阳临边昏暗的论文打印出来，这是她为数不多的这样做的论文之一，随后将论文寄给钱德拉塞卡以求发表。薇拉回忆说："它的编排和印刷都不差。我不会寄送质量糟糕的印刷品，打字、排版和印刷都是我自己完成的。我认为论文相对于发表要求来说已经足够了。"钱德拉塞卡却不这么认为，他将论文退还给她，要求她重新排版打印，并在所有小数点前加上零。这是一个奇怪的要求，但她答应了，重新打印了论文，老老实实加上了所有需要的"0"，然后将论文再次提交。最终该论文发表于1959年2月[14]。

几个月后，鲍勃收到了参加法国阿尔卑斯山的里雾诗物理学院暑期学校的邀请。他回复说乐意参加，并通知学校组织者，他将带上妻子和3个孩子。孩子们现在分别是8岁、6岁和3岁，具有冒险精神的鲁宾夫妇没有将孩子们留给他们的祖父母，而是决定一家人一起横渡大西洋前往法国。薇拉回忆说，他们租了一个带多个铺位和婴儿床的小房间，虽然这使空间有些狭窄，但旅途仍然很有趣。一天晚上，这对夫妇走出来在船上享受夜间娱乐活动，并惊讶地发现哈佛天文台的台长唐纳德·门泽尔在弹吉他，吸引着"非头等舱"乘客的注意。薇拉说，艺人门泽尔与她在哈佛认识的那个天文学家仿佛是两个人——这真是一个惊喜。

在大洋上航行了两个多星期后，这艘船停泊在勒阿弗尔，随后一家人开车去巴黎，然后到达里雾诗。"那里的山区生活令人难忘，"薇拉说，"与我们共享一所房子的是一名法国学生以及他的妻子和两个儿子，两家的孩子们年龄相仿佛。我用中学水平的法语和他们勉强交流，但孩子不需要语言互通就能玩耍到一起。"

鲍勃大部分时间都在课堂上度过，薇拉与孩子们和鲍勃等学生一同吃过几次晚餐。"其中一名学生是一位活跃的英国天文工作者，他开着一辆帅气的红色敞篷跑车，十分显眼，"薇拉说，"他就是唐纳德·林登贝尔（Donald Lynden-Bell）。"唐纳德是一位魅力十足的年轻科学家，将来他会像薇拉一样，重塑人类对星系的认识。

薇拉大多数时候都在照顾孩子们，不过她也受邀参加了法国天文学家埃夫里·沙茨曼（Évry Schatzman）教授的关于恒星演化的课程。而这有违暑期学校的规定，因为她不在邀请名单上。她说，能够破例去听课使得那次旅行变得格外特别。

时间过得很快，是时候回家了。

"我和孩子们一起飞往纽约。去纽约的航班晚点了大概 3 个小时，起飞时已经是午夜而不是晚上 9 点了，"薇拉回忆道，"我们到达纽约时，穿着冬衣，带着许多行李箱和一个大行李袋。海关人员打开行李袋，在里面众多设备中，还有一把大锯子。"

"女士，"海关的职员问，"你打算怎么离开这里？"

薇拉指了指在另一边等候的父母。"海关的人放我们过去。他没有检查孩子们冬衣的袖子，里面都塞满了从法国捡回来的小石头。"[15] 几十年后，薇拉和鲍勃的两个孩子成了地质学家。

一年后，薇拉和鲍勃再次出国，这次是因为薇拉要去荷兰参加天文学暑期学校。这一次他们没有带上孩子们，大卫和卡尔去了位于佛罗里达州的鲍勃父母那里，而朱迪思和新生的艾伦（Allan，生于 1960 年 5 月）与薇拉的父母住在一起。许多时候，年长的孩子会照顾年幼的弟妹，最令人难忘的场景是朱迪思推着婴儿车，带着艾伦到处跑。薇拉的天文学梦确实离不开家庭的支持[16]。

在这次旅行中，鲁宾夫妇前往布鲁克伦的奈耶诺德城堡，薇拉在那里待了 3 个星期，学习星系的结构和演化。扬·奥尔特，以及玛格丽特与杰弗里·伯比奇夫妇都在授课者之列；薇拉重新涉足了尺度远超太阳系和太阳的研究。她说："他们的报告和讨论十分有用，让我了解到河外天文学领域重要的前沿进展。"她不情愿地承认："起初，奥尔特的授课令我感到震撼，但我很快就因为有太多的问题而无法安静地听讲了。"[17]薇拉再次着迷于射电天文学数据的使用，正是这些数据揭示了银河系的旋涡结构，而她也不禁想起了自己在 1955 年完成的关于银河系的论文。

薇拉说，那项工作已经过去 5 年了，天文学家现在知道银河系的旋臂大体上是圆形的，但细节处相当不规则，存在"突然断裂、交叉和混乱的区域"。天文学家也知道银河系处于旋转状态，与奥尔特在 1927 年所提出的猜想相符，但他们仍然困惑于银河系如何随着时间的推移而演化的，当然对于其他星系也有此疑问。

天文学家已经知道宇宙中不止旋涡星系一种星系。星星的集群也有可能形如椭圆的鸡蛋，而这引发了新的问题：不同类型的星系应当在星系演化时间轴上处于什么位置？薇拉在1960年的《今日物理学》（*Physics Today*）的一篇文章（这篇文章中记述了她在奈耶诺德城堡暑期学校中学到的东西）中写道：威尔逊山的天文学家爱德文·哈勃提出椭圆星系（elliptical galaxy）是旋涡星系的前身，但即使哈勃的猜想是正确的，也还有许多问题需要回答。一个问题是星系的旋涡结构是如何维持的，特别是在星系中的恒星具有不同速度的情况下；另一个是恒星和气体团块是否以相似的方式运动；还有气体是否会从星系流出，进入星际空间？若如此，那银河系中心的气体又是如何补充的？星际尘埃是否遵循经典的化学规则，或者有其他机制介入？有迹象显示我们的银河系有可能存在一个气体晕，以某种方式将物质送入银河系的中心，但这是否属实也尚无定论[18]。

薇拉认为，探索我们的银河系和宇宙中其他星系的时机已经成熟。在参加暑期学校时，她找到了一个新的研究重点。她开始与杰拉德·德沃库勒尔通信，然后合作研究椭圆星系。薇拉的巨大热情给他留下了深刻的印象，德沃库勒尔邀请她到得克萨斯州访问他和他妻子安托瓦内特（Antoinette）。薇拉安排好了行程，也为孩子们的照顾制订好了计划，然而她的姐姐露丝打电话说，露丝的丈夫病得很重。薇拉决定留在华盛顿帮助姐姐一家人。"很抱歉得克萨斯大学之旅无法成行"，她写信给德沃库勒尔，"上周与你通话后，我和我姐姐坐在医院的椅子上度过了36个小时。晚上的很长一段时间里，病人几乎要没有希望了"[19]。

庆幸的是，薇拉姐夫的病情稳步好转，她在当年晚些时候可以抽身去拜访德沃库勒尔。在将研究方向从太阳与恒星再度转向星系时，薇拉涉足了一场关于星系动力学的持续数十年的讨论——影响星系团引力的因素。终于，薇拉偶然间读到了弗里茨·兹威基的工作，他得出一个惊世骇俗的结论：某种形式的神秘物质隐藏在后发星系团中。这个观点得到了辛克莱尔·史密斯对于室女星系团中众多星系的观测结果的支持，但许多人都不认为我们需要引入这种神秘物质来解释观测到的现象。

　　这类观点一度从文献中消失了，直到 20 世纪 50 年代，亚美尼亚天文学家 V. A. 安巴楚米扬（V. A. Ambartsumian）和他的合作者开始研究结合在一起的恒星集群。通过对这些星团的细致观测会发现，有些单个恒星所具有的能量太高，无法在星团内长时间停留，它们似乎会从系统中被抛射出去[20]。

　　因此，安巴楚米扬提出：如果在恒星群中确实存在这种情形，那么对于星系群来说是否也是如此，例如兹威基和史密斯所研究的星系团？如果安巴楚米扬的研究结果是正确的，则兹威基和史密斯在计算星系质量使用的位力定理将不成立——这意味着不需要引入暗物质来使星系团维持聚集状态。

　　安巴楚米扬的研究结果于 1954 年首次发表，引起了天文学家的注意，特别是马丁·施瓦西。他是普林斯顿大学的天文学家，曾经对薇拉的硕士论文报告给予正面的评价。在安巴楚米扬对星团的分析工作的启发下，他查看了兹威基和史密斯的论文，然后重新分析了后发星系团的数据。他的发现仍是星系团中包含的物质必须比可见物质多得多，才能使星系团保持聚集的状态[21]。

然而，安巴楚米扬的研究并没有被忽视。他指出，根据围绕星系中心运动的恒星速度测量得出的星系质量，与按照兹威基和史密斯的方法计算得的星系质量，两者之间存在巨大差异。

安巴楚米扬认为，也许星系团并不像天文学家认为的那样处于紧密结合状态，这种观点将消除对于神秘物质的需求。但是排除不可见物质的存在引入了新的问题：是什么让星系分离？因为它们如果没有结合在一起，就必定处于飞散状态。安巴楚米扬认为需要额外引入一股神秘的能量来解决此问题，例如某种爆炸。

关于暗物质抑或引起天体抛射的神秘能量的争议引发了一场贯穿 20 世纪 50 年代的激烈讨论。在 1961 年加利福尼亚州伯克利分校举行的第 11 届国际天文学联合会（International Astronomical Union，IAU）大会前夕，这一系列争论达到了顶峰。薇拉计划参加此次大会。由于对于星系与河外天文学长久以来的兴趣，她还受邀参加在圣巴巴拉举行的一次预会，研究人员计划在会上讨论星系团中额外能量与额外物质的观点，以及相关结论对宇宙学会产生怎样的影响。

会议上的讨论重点是对于星系质量的不同估计。会议记录写道："安巴楚米扬试图引入额外能量来解释这种差异。或者，可以通过假设尚未看到或以其他方式探测到的额外质量的存在来解释。"这部分质量有可能存在于星际介质中，或者隐藏在非常暗弱的恒星或其他天体中。

当然，很多科学家不喜欢依赖于星系团与星系中的额外物质的解决方案，因为这个假设意味着"宇宙中大约99%的质量到目前为止仍然是不可见的，如果天文学家和宇宙学家发现现有的全部理论都建立在对所有客观实在中不足1%的物质的观测上，这将是十分令人沮丧的事！"[22]

因此，安巴楚米扬、伯比奇夫妇，乔治·阿贝尔（George Abell）、德沃库勒尔和其他十几位学者开始讨论他们所谓的星系不稳定性问题，因为星系群在不增加不可见质量的情况下是不稳定的。随后进行了数小时的对话和审议，研讨小组仍然无法得出一个确切的结论。不可见物质则是许多天文学家坚决反对的解决方案[23]。他们说："不得不承认，提出的问题比解决的问题还要多。"

8

牛刀小试

在圣巴巴拉为期几天的会议中，一群知名天文学家就星系和星系团中的谜题争论不休。在耳闻目睹他们的争辩后，薇拉很想为这个难题作出贡献。这些科学家开会讨论星系内和星系间是否需要引入神秘物质，但并不能就此形成一个确切的结论——反而不断有新问题出现。会议上的激烈讨论促使薇拉将注意力从正在进行的太阳研究重新转移到星系动力学上，而后者正是她在读研究生时就十分感兴趣的方向。

出于对星系如何旋转的好奇，薇拉开始关注银河系中的恒星围绕星系中心旋转的速度。20 世纪 60 年代初在乔治城大学站稳脚跟后，薇拉可以在完成学校的任务之余，拥有更多属于自己的空间来探索自己感兴趣的课题。基于在 1960 年荷兰暑期学校和 1961 年圣巴巴拉会议上学到的知识，薇拉开始研究恒星和气体团块是否以相近的速度围绕银河系中心运动。在乔治城大学没有其他人可以合作（大多数教授是其他单位的研究员），所以薇拉开始与她的学生一起开展研究。在她们项目的第一阶段中，薇拉和学生们确定了距离太阳 1 万光年以内的恒星的轨道速度。她们根据恒星在银河系内的经度将恒星划分为不同的区域，然后将恒星的速度与同一天区中从射电观测中获取的氢云气体的速度进行比较。薇拉和她的学生绘制了恒星与气体的速度相对于其到银河系中心的距离的关系图，得到了银河系的自转曲线。在这些学生中，有一位后来成了美国国家航空航天局（NASA）的天文学家——杰莉·伯利（Jaylee Burley），后来名为杰莉·米德（Jaylee Mead）。曲线显示，气体和恒星以几乎相同的方式在银河系中旋转。这一发现使薇拉开始思考一个新问题[1]：对于比太阳还更远离银河系中心的恒星，是否有数据来揭示它们的运动？

研究团队不停地寻找更多关于银河系恒星的信息。薇拉回忆说，实际上是她的学生们在推进研究，他们懂得恒星是如何编目的，因此在薇拉的推动下，他们尽可能多地找出远离银河系中心的恒星，这样就将银河系的自转曲线延伸到太阳公转轨道之外。薇拉及其学生将此当作课程作业进行，如果他们成功的话，对于银河系的质量估计将变得更加准确。研究小组一起深入调研了天文学的文献，希望找到能够揭示一些蓝白色炽热恒星的公转轨道速度和到银心距离的数据。就像绝大多数天文学家所假设的那样，他们也预计恒星围绕银心的运动与行星环绕太阳的运动一样，距离银心较近的恒星比距离较远的恒星运动得更快。

但薇拉等人发现事实并非如此。他们收集数据绘制出一条新的自转曲线，显示恒星和气体的速度似乎保持稳定。

就是说自转曲线没有下降，是平坦的。

薇拉和她的学生对于每个细节都一丝不苟，将结果写成论文，投稿到了《天体物理学报》。仍在负责期刊工作的钱德拉塞卡再次让薇拉难堪。他说可以发表论文的摘要，但不会让薇拉的学生们署名。薇拉回应说，如果是这样的话，她会撤稿。钱德拉塞卡对此作出了让步。1962年6月，薇拉和她的学生发表文章称，距离银心27000光年的半径以内，在当时所能获得的所有银河系恒星的数据显示，"恒星的旋转曲线是平坦的，恒星的公转速度不会像开普勒轨道那样逐渐减少"。[2]

该论文发表后不久，批评之声就纷至沓来。天文学家写信给薇拉，说结果不应该成立，也许是数据质量不好，不足以支撑相关结论[3]。和往常一样，薇拉注意到了这些评论并继续其研究。这一次负面反馈并没有像她读研究生时那样严重；困扰她的问题是工作需要依靠其他天文学家的数据来完成，缺少某些数据使她暂时无法反驳对于结果的一些批评与质疑。

凑巧的是，亚利桑那州图森附近的基特峰美国国家天文台在几年前开放，而且它并没有像威尔逊山和帕洛玛山天文台等一样限制女性观测。1962年，薇拉申请了基特峰上的望远镜观测时间。1963年年初，她踏上了前往基特峰的路，这是她作为天文工作者首次正式地对星空进行科学观测。加州理工学院的天文学家圭多·蒙奇（Guido Münch）对于薇拉的银河系观测研究很有启发，她回忆说，他一直在追踪银河系中恒星的速度，并"首次尝试由一颗又一颗的恒星推断出我们银河系的自转曲线"。

蒙奇着眼于他可以观测到的恒星，然后使用摄谱仪测量恒星发出的特定波长的光。通过测量这些恒星的光谱，他可以追踪恒星环绕银心的轨道。不过，薇拉说，蒙奇只关注银河系内区的恒星。

薇拉想做的事情稍微有些不同：她想往另一个方向研究，追踪远离银河中心的恒星。她说："我对观测银河系的边缘很感兴趣，我试图得出延伸到银河系外层的自转曲线。"[4] 她的目标是获得太阳公转轨道以外的恒星的旋转速度。天文学家一度假设这些速度会随着远离银河中心而下降，薇拉想做的就是检验这个假设。

终于，在取得博士学位大约 10 年后，薇拉有机会第一次自行观测并收集数据，她计划使用的是基特峰上的 36 英寸反射望远镜。坐在观测室里等待夜幕降临时，她正陷入沉思，一个男人走进来打断了她。薇拉礼貌地自我介绍，而他略显粗暴地打断："我知道你是谁。1950 年在 AAS 的哈弗福德会议上，我跑着去听你的报告，结果在冰上滑了一跤把膝盖磕伤了。"这个人是当时知名的天文学家亚瑟·霍格（Arthor Hoag）。薇拉觉得她的自我介绍并不顺利，但没有放在心上，她开始投入工作，寻找那些远离银河中心的恒星，并试图得到它们的轨道速度。"这是一个雄心勃勃的项目，"她说，"我希望了解我们银河系内的，以及遥远星系中的恒星的运动情况。"[5]

在收集数据时，她觉得自己可能需要帮助来实现目标，特别是关于如何研究其他星系中的恒星绕其星系核旋转的速度。在那时，进行这样的观测超出了她的能力范畴，因此她开始考虑寻求合作者。恰好鲍勃刚得知，他当时任职的标准局将给予他一年时间的带薪休假，以表彰他在统计力学研究方面的成绩。在学术休假期间，鲍勃收到挪威特隆赫姆的研究人员的访问邀请，但他认为斯堪的纳维亚的冬天对薇拉和 4 个孩子来说可能略显残酷。因此，鲍勃转而寻找其他地方，并最终决定与加利福尼亚州拉霍亚的一位物理学家合作。这也是玛格丽特和杰弗里·伯比奇夫妇正在工作的地方，正是他们的工作证实了构成地球（以及我们自身）的大部分化学元素诞生于最大的那类恒星的核心。因此如果伯比奇夫妇愿意接纳薇拉的话，鲍勃和薇拉都会有一流的合作者。鲍勃赞成这个想法。薇拉谈到丈夫的决定时说："他总是能让一切成为可能。"

薇拉的下一步是说服伯比奇夫妇与她合作。她联系到伯比奇夫妇，希望在 4 月凤凰城举行的 AAS 会议上会面。他们同意了，同时杰弗里还提议他们共进午餐。当薇拉走进餐厅与他们会面时，另一位天文学家也在场。他就是曾担任爱德文·哈勃助手的艾伦·桑德奇，也是 20 世纪 50 年代和 60 年代初杰出的观测宇宙学家。他曾数次重新界定宇宙的年龄，在不到 10 年的时间里将宇宙年龄从 20 亿岁修正到 130 亿岁[6]。他是天文学界的重要人物，伯比奇伉俪也是。而在 1963 年的 AAS 会议上，他们聚在一起，薇拉将要和这 3 个人共进午餐。薇拉马上意识到：伯比奇夫妻即将"面试"她，他们可能会在桑德奇的建议下，决定接受或拒绝她与他们一起工作一年的请求。天文学家坐下来吃饭后，讨论的话题转移到了星系上，薇拉几乎毫不费力地在谈话中加入有见地的意见。她说，能做到这点的关键是她从 20 世纪 50 年代初就开始从头到尾地阅读《天体物理学报》，从而保持自己能跟上研究的前沿，即使是在无法亲自做研究的时候。当时薇拉的研究方向并没有集中在星系上，而是更多地放在恒星分类、铁元素光谱，以及对于银河系恒星运动的分析上。不过由于薇拉对前沿文献的密切关注，"我肯定知道一些他们不知道的事情，因为我也阅读了不少关于星系的文献，"她说，"所以当时我就觉得自己通过了那次'面试'。"[7]

　　她确实做到了。伯比奇夫妇邀请薇拉从秋天开始与他们一起在拉霍亚工作。随着鲍勃和薇拉这一年的工作地点确定下来，全

图 8.1　1961 年，薇拉和她的孩子（从左至右）卡尔、大卫、艾伦和朱迪思在科罗拉多州落基山国家公园的熊湖畔

图片来源：鲁宾家族。

家决定迁居到西部，而且还自驾横穿了美国。1963 年 8 月，一个夏日的凌晨 4 点，鲍勃、薇拉和 4 个孩子挤进车里，开始了漫长的旅途。他们的衣物和露营装备都绑在旅行车的车顶上。薇拉回忆道："我们沿途露营和远足，特别喜欢怀俄明州的杰克逊·霍尔。"[8] 几天后，他们抵达拉霍亚，搬进了"一栋俯瞰太平洋的华丽房子里……真令人难以置信"。

薇拉很快就开始与伯比奇夫妇合作，处理他们使用望远镜收集下来但尚未分析的星系光谱。薇拉的工作通常与玛格丽特直接合作完成，但她也经常与杰弗里交流，"他很健谈，一坐下来就滔滔不绝"。他会谈论星系和"一些宏伟的想法"，尽管伯比奇夫妇已经做出了很多天文学成果，但薇拉说他们并没有让她感觉自己是其学生。伯比奇夫妇把薇拉当作同事。他们拥有比薇拉在乔治城时更先进的设备，但薇拉用起来也游刃有余："我测量过足够多的光谱，我知道自己该怎么做"。因此，在天文学界颇具权威的伯比奇夫妇会让薇拉自行完成工作，如果她快速写出了关于星系光谱的论文，他们就会让薇拉担任第一作者。"杰弗里性子很急，不过从某种意义上说，我也是个急性子的人。比如说，我测量完关于他们研究过的一些有趣天体的一些数据，杰弗里就会让我立马把结果写出来。"薇拉回忆起她说的话："你已经做了所有该做的工作。我们可以写论文了。你应该用周末时间加加班。如果你写出来一些东西，我们就会使用它。这就是又一篇论文的开始。如果你抽不出时间，那我会去做。"薇拉说："我自知没达到他们的水平，但他们非常愿意让我放手工作。"[9]

1964 年，薇拉与伯比奇夫妇发表了一系列合著论文，其中有几篇她是主要作者，这在她与乔治城大学的合作者所完成的工作中很少见。此外，伯比奇夫妇还邀薇拉一起去得克萨斯州的麦克唐纳天文台使用 2.1 米反射望远镜，让她再次品尝了作为真正的天文学家的滋味。她回忆说，"观测者站在圆顶的高处，所以我觉得自己好像站在虚空之中。"这些回忆也暗含了她是如何从望远镜的主焦点对星空进行观测的[10]。杰弗里通常作为观测的协助者。他会带着一个装满 1 厘米胶卷的小盒沿着的圆顶的内边缘爬上梯子，把它递给玛格丽特，然后带着之前曝光后的胶卷爬下去。

薇拉说，装载胶卷是一件棘手的事。在一片漆黑中，观测者需要展开一大片薄薄的胶卷并将其裁成所需的尺寸，在完全黑暗的环境中将切好的胶卷装入支架，然后将整片胶卷放回黑暗的地方，并且安置胶片时还要保证正确的一面朝上，薇拉加以解释说："如若不然，曝光时间就会被浪费。"一段时间过后，杰弗里发现薇拉没有犯任何错误，询问她是如何做到的。她回答道："说来简单，我切了两块胶片，其中一个是用来测试的对照胶片。胶片装载完成后，我打开灯，如果'测试者'是正确的朝向，那么所加载的胶片也是正确的。否则，我就把灯关掉，然后把支架上的那个胶卷翻过来，那同样保证了正确。"[11]

很快，薇拉就成了定期出现在望远镜圆顶边缘的观天者。

9

真正的天文学家

在薇拉与伯比奇夫妻合作的一年内，她分析了数十个星系的化学特征，并发表了其中许多星系的旋转情况和质量估计值。然而，这些工作都没有发现星系包含不可见物质的线索。这可能是因为伯比奇夫妇"总是做着和大家同样的事"，薇拉说，他们基于星系内恒星速度随着到星系核距离的增加而下降这一假设，对于超出他们测量范围的恒星速度进行外推。不过，彼时做出这种假设并没有让薇拉感到非常不安。她第一次体验了作为"真正的"天文学家的滋味，并很快意识到自己也可以成为一名天文学家。玛格丽特的生活向她展示了这一点。薇拉回忆道："玛格丽特以研究星系为工作，也结了婚，有一个孩子。"这是薇拉曾经梦想的生活[1]，现在她亲眼看到这些是可能的，她也可以拥有梦想中的一切：事业、恩爱的丈夫与家庭。这种意识慢慢地深入脑海。1964 年春天，鲁宾夫妇准备返回华盛顿。一家人又一次收拾好旅行车，慢慢向东部驶去，沿途会停下来露营和徒步。

然而，早在鲁宾一家动身返回华盛顿特区之前，薇拉就开始对她返回后的生活心存忧虑，特别是乔治城大学的工作。"从

1963 年开始，差不多就是我们前往拉霍亚的那时候，我开始在基特峰进行观测，感觉教学、观测以及抚育 4 个孩子已经快让我无法兼顾了。"她回忆道，"如果我不做其他任何事情，也许还能搞定这些。"薇拉觉得必须有所舍弃，否则不可能把所有事情都做到她所期望的高水准。

从拉霍亚回家后没多久，鲍勃和薇拉就飞往德国参加 1964 年的 IAU 汉堡会议。夫妇俩去参加会议时，孩子们和薇拉的父母住在一起。在闭幕式的宴会上，当薇拉和鲍勃离开舞池时，艾伦·桑德奇走到了她的面前。桑德奇说，薇拉的工作给他留下了深刻的印象，并询问薇拉是否有兴趣使用帕洛玛山天文台的一台望远镜，尽管该设施还没有正式对女性开放。薇拉热切地答应了[2]。

那一刻，薇拉对于她在乔治城大学的工作有了新认识。

在乔治城大学，天文系的钱很少，应该说几乎没有。因此，"海登神父会接受任何能带来钱的项目，而这些钱几乎总是来自空军"。这意味着研究内容可能从薇拉手中被夺走，并被列为机密，而薇拉本人再也无法看到。"而那些研究内容也不是我真正感兴趣的方向。"她想研究星系，为了这一工作，她在望远镜前观测的时间慢慢增加，薇拉意识到同时养孩子、做研究和教书将难以为继。"观测是最后一根稻草，在我教书的时候每年都要离开几次，观测完再回来。"[3]

家庭和观测活动都是薇拉不愿意放弃的，尤其是当她在 1964 年夏天收到桑德奇寄来的前往帕洛玛的更正式的邀请时。

这是一份望远镜时间的申请书，桑德奇以前曾答应过薇拉。表格上有一个醒目的警告："由于设备有限，不接受女性的观测申请"。但桑德奇在这句话上方用铅笔添上了"通常"这个词。薇拉毫不犹豫地申请了望远镜时间，期盼着能在加利福尼亚州的著名望远镜上进行观测。

　　与此同时，薇拉决定辞去乔治城大学的职务。那里的研究环境和教学义务是薇拉不想要的，于是她在 1964 年 12 月下旬给天文系主任写了一封信，告知她将继续工作到 6 月，但会在春季学期结束之前离职。然后她开车去了 DTM，申请一份工作。

　　薇拉之前就曾访问过 DTM，这次她与伯纳德·伯克（Bernard Burke）见面，讨论了伯克的工作，关于测量银河系、仙女星系和另一个邻近的旋涡星系——三角星系中的气体云运动速度。正与伯克谈论星系时，她突然提出，想要一份工作。"回家后我对鲍勃说，就算我向伯克求婚，他可能也没有那样惊讶，"薇拉回忆说，"直到战争结束，连 DTM 里的秘书都是男性。他们那从来没有女性研究人员。"[4]

　　伯克很快就从薇拉的要求所带来的震惊中恢复过来，然后邀请她一起参加该部门每周例行的员工午餐——研究人员们会在一起吃饭与交谈，彼此分享研究工作。就在大家准备吃饭的时候，DTM 的主任默尔·图夫（Merle Tuve）走过来对薇拉说："我们在午餐时常常学习和交流。那儿有一块黑板，不如到那告诉我们你在研究些什么吧。"

　　薇拉走到黑板前，开始讲述她在星系方面的工作。据说图夫对于科学人才有着敏锐的眼光。他对眼前这位 36 岁天文学家的即兴报告感到满意，他递给薇拉一个 2 英寸×2 英寸的照相底片，询问她是否可以测量图像的光谱。光谱来自工作人员肯特·福特的观测，他是 DTM 一名年轻的仪器研制者，刚从威尔逊山天文台回来，他在威尔逊山测试了他新开发的像管摄谱仪（image tube spectrograph）。它有望成为捕获遥远天体到达地球的光线的强大工具：在相同的清晰度下，它记录观测结果的速度比传统照相底片快 10 倍。

乍一看，像管似乎并不那么精巧复杂。它看起来像一系列粘在一起的小胶卷罐，连接到更大的经典摄谱仪上，其独特之处在于处理和收集天体发出的光线的方式。一个光子（光的粒子）在管内飞行，与管内的光敏板（光电阴极）相撞，激发电子的簇射。这些带负电的粒子被磁体约束聚焦后，打在磷光屏上，发出光芒。拍摄最后形成的这种辉光，而不是直接拍摄遥远天体发出的微弱光芒，使我们能够更容易地分析星系或暗星的光谱，以及任何遥远天体的暗弱光线。实际上，像管可以使一个相对小尺寸的望远镜像帕洛玛山上巨大的 5 米反射望远镜一样灵敏。

薇拉迫不及待地想看看新工具能收集到怎样的数据，于是将照相底片带回了家进行测量，底片上便是由福特开发的像管摄谱仪所拍摄的光谱。测量完成后，她立即将结果发送给了 DTM。

当时是 1965 年 1 月。

薇拉耐心地等待着图夫的消息。在等待的过程中，她与伯比奇夫妻再次合著一篇论文，这次尝试了一些与过去略有不同的内容。往常，他们会基于牛顿万有引力定律，对于测量范围之外的恒星速度进行外推，这种情况下恒星速度随着距离增大而下降。但在这篇新论文中，主导研究的薇拉决定尝试在数据处理上进行一些改动，论文的研究对象为旋涡星系 NGC 7331，其形态类似于我们的近邻仙女星系，她所关注的是该星系的自转曲线和质量。"我以 3 种方式进行数据外推，分别是平坦、下降与上升的自转曲线，"她说，"下降的自转曲线看起来并不比其他假设更加保险。"[5]

这篇论文发表 1965 年 2 月。次月，图夫电话询问薇拉什么时候可以去找他谈论工作的事。她说："10 分钟内到。"

图夫说："不……我指的是下周的某个时候。"

"不，"薇拉肯定地说，"我 10 分钟后到。"

她来到 DTM，整理了一下蓝色西装，自信地走进图夫的办公室。他和另一位科学家在那里，他们开始谈论这项工作。图夫提供了薪水。薇拉重申她的条件：她想在每天下午 3 点离开办公室，就像她在乔治城大学一样。图夫同意了，并说她的薪水是大学里的 2/3。

薇拉说："我接受这份工作。"

"很好，你的工作从 4 月 1 日开始。"

"不过，我目前还在乔治城大学教书。"

"嗯，我会致电那边。我们会接管你的薪水。你可以继续把教学的事情做完，"他说，"我希望你 4 月 1 日来到这里。"

对于薇拉来说，在愚人节这天开始 DTM 的新工作再合适不过了。她开车前往机构的研究园区（几年前，她终于学会了开车），在到达停车场之前需要绕过很多弯道。试图将车倒进停车位时，她撞倒了一根柱子，可能是路标或者路灯柱，这让她很狼狈。她赶紧下车，进入行政大楼办理入职手续。一位秘书上前询问薇拉的姓名和地址，而秘书的办公桌上没有任何可以证明薇拉新职位的一纸文书。薇拉被告知没有找到她被雇用的记录。这两名女性都对眼前的情形感到困惑，她们试着搞清楚状况。当然，由于这是 DTM 第一次聘用女科学家，所以可能存在一些混乱。薇拉耐着性子在各种烦琐的行政手续中挣扎，终于在肯特·福特的办公室找到了她的办公桌，在上次午餐聚会时薇拉收到的记录着光谱的胶片正是来自这位年轻的仪器研发者。"她搬进来，和我共用一个办公室，"肯特说，"之后再也没有搬走。"[6]薇拉确定需要观测的星系，肯特则带上他的像管摄谱仪，他们就这样开始密切的合作，准备前往望远镜前进行观测。

随着薇拉慢慢适应在 DTM 的工作，她在生活中的行为举止也发生了变化，变化虽然比较小，但也足以让她最小的孩子——当时年仅 5 岁的艾伦察觉到。有一天，他问薇拉是不是必须付钱给 DTM 才能在那里工作。艾伦从他周围发生的事情中得出一个结论：在这个世界上，每个人通常都得付钱才能得到想要的东西。所以，他想知道妈妈是不是必须付钱，才能在一个使她开心的地方工作。薇拉告诉艾伦，实际上是 DTM 在为她的工作付钱。总之，薇拉感觉自己在成为一名有所建树的天文学家的道路上又前进了一步[7]。

那时她的满足感可能来源于她和福特正在为他们的第一轮观测活动做着积极的准备。1965年8月，他们飞往亚利桑那州旗杆市，在洛厄尔天文台度过了几个夜晚，使用那里著名的72英寸珀金斯（Perkins）反射望远镜进行观测。肯特说："早些年，人们肯定会认为我们俩深夜还到望远镜里去是有伤风化的行为，但我们当时只顾使像管摄谱仪正常运行并收集数据，没有多想。"[8]

薇拉回忆说，在与肯特的第一次观测中，她确实有所坚持。她说："像管摄谱仪是他研发的仪器，所以他当然有权把它连接到望远镜上进行第一次曝光。"当他们在为第二次曝光做准备时，薇拉对他说："现在轮到我了。"她觉得这样对于肯特来说并不容易，毕竟他是摄谱仪的拥有者。不过肯特还是对薇拉表示理解。从那以后，他们总是轮流在望远镜前进行曝光[9]。

图9.1　在基特峰上，薇拉使用肯特·福特为DTM制造的摄谱仪工作

图片来源：鲁宾家族。

肯特的仪器特别擅长感应红色波长的光，这让他们以前所未有的视角看到了被称为类星射电源（或类星体，quasar）的神秘天体。这些"宇宙怪兽"自20世纪50年代初被发现后，因其在射电波段辐射的巨大能量而成为科学界瞩目的焦点。实际上，它们最初被称为"射电星"，是因为它们发出大量的射电辐射，而且看起来具有恒星的某些特征。后来，人们在20世纪60年代终于获得了类星体的光谱，这揭示了它们由哪些化学元素构成。然而，它们的光谱与先前拍摄的任何恒星都不相似，因此"射电星"是宇宙中的又一个未解之谜。

　　通过反复观测，荷兰裔美国天文学家马尔腾·施密特（Maarten Schmidt）等人逐渐拼凑出这些天体的图像。施密特发现这些天体的光谱发生了高度红移，即谱线的位置向电磁波谱的红端偏移。20世纪20年代爱德文·哈勃著名的观测工作使我们知道了宇宙像吹起的气球一样正在膨胀。没有被星系团引力束缚的星系随着宇宙空间的膨胀不断运动，它们离地球越来越远，所发出的光的波长被拉长，因此当光线到达望远镜时，它看起来更"红"了。宇宙的膨胀似乎影响着类星体发出的光，这表明类星体距离我们非常遥远。施密特说，它们可能是比任何邻近的恒星或星系都更加明亮的遥远星系。不过，并非所有人都认可对光谱数据的这种解释。有人则认为这些天体根本不是遥远的星系，而是附近的小而明亮的天体。时间流逝，争论不断，薇拉和肯特也卷入其中。

　　一年多以前，也就是1964年5月，薇拉参加了在得克萨斯州达拉斯举行的第一届相对论天体物理学研讨会，那时她已经对关于类星体的争议有了初步的了解。鲍勃也是受邀参会的人（当时他正在研究原子中的能量交换），但他不想去，所以薇拉代替他去参会。她很高兴能了解到更多当时关于类星体的工作，以及类星体与黑洞和相对论的联系，但对叶凯士的天文学家威廉·摩根（William Morgan）近乎骚扰的行为感到不适。她说："这是我一生中仅有的一个与天文学家发生个人矛盾的夜晚。"事实上，他就是拒绝接收她硕士论文手稿的天文学家之一。所以当他问她为什么从来没有发过表完整的论文时，薇拉感到有点抓狂，他把那个晚上的气氛搞得十分尴尬。她说："我难以置信地看着他，因为拒绝信上都有他的签名。"摩根不停地说着烦人的话，所以薇拉请她丈夫的老朋友拉尔夫·阿尔菲来帮忙，避免与摩根独处。虽然阿尔菲有点失误（他不小心在深夜里把她和摩根两人留在酒店电梯里），但好在没发生什么难堪的事情。薇拉回忆说："那对我来说是一个非常不舒服的夜晚。"[10]

后来，薇拉才意识到此次研讨会的中心议题为她自己的类星体研究工作做了准备。她和肯特一头扎进了类星体研究，因为肯特的像管摄谱仪非常擅长观测电磁波谱红端的光，十分适合研究"射电星"。因此，薇拉和肯特开始收集类星体在可见光波段的化学特征。在他们观测到第一个类星体后不久，天文学家们的电话就陆续打来。桑德奇想要薇拉和肯特所观测到的类星体光谱，其他人则希望确认他们探测到的天体。研究的进度开始让薇拉焦虑，以至于在 1965 年 12 月的长夜第一次去帕洛玛山的路上才给了她一些休息的空间。

薇拉前往位于加州的天文台研究银河系中的恒星，想要确定银河系中恒星的轨道速度，这是她当时研究的另一条主线。薇拉到达帕洛玛山后，被带到了观测天文学家宿舍的二楼房间。她绕过一条横在楼梯间的红色天鹅绒绳后上楼。后来她才知道，正是因为她的房间被安排在楼上，所以在楼梯间摆一根绳子，以提醒其他的男性观测者不能上楼去打扰她。

薇拉不慌不忙地绕过绳子。她走进自己的房间，打开行李，为她在山上的第一个晚上做准备。这是一个特别的夜晚，她将成为第一个被正式允许在那里观测的女性。她计划寻找比太阳更远离银河中心的恒星，继续她在乔治城大学与学生合作的项目。不幸的是，走向望远镜时，她发现天空是多云的。那天晚上很冷，还下了雪，所以她用天文台的1.5米望远镜观测一圈也注定不会有什么收获。当晚使用5米望远镜的是加州理工学院的天文学家奥林·艾根（Olin Eggen），在那种天气下当然也不会有任何好运气，所以艾根决定让薇拉参观5米望远镜（当时世界上最大的望远镜），这样可以让晚上的时间过得更有意义一些。艾根慢慢地带着薇拉绕着大楼转了一圈，向她展示了望远镜及其控制装置，最后还展示了男士专用卫生间——它的存在表明女性不能使用天文台的观测设备。薇拉回忆说，艾根打开了门，不无炫耀说："这就是那个著名的卫生间。"门上的牌子上赫然写着"MEN"。那个卫生间的故事及其象征意义——天文学界不欢迎女性，将在薇拉心头萦绕数十年[11]。

　　这是一次很有启发性的旅行，尽管整个观测过程不如预期的那样富有成效。她在帕洛玛山天文台的观测时间里没有获得银河系恒星的新数据，关于星系自转的工作也有些卡壳了。不过，她和肯特发现他们处于狂热搜寻类星体的中心。两人在基特峰和洛厄尔使用像管摄谱仪工作，并在1966年夏天发表了论文，给出了十几个射电天体的光谱，同时证实了施密特之前研究过的7个这种天体确实像他所说的那样遥远[12]。数据表明，类星体是极其明亮、极其遥远的天体，天文学家在当时无法完全解释其中的物理机制。他们可以确定的是，如果这些天体果真像看起来那么远，而且是极其活跃的星系，那么它们就是了解早期宇宙的一个窗口，而且很有可能帮助再次修正宇宙的年龄。认识到这一点后，天文学家发起了一项激烈的竞赛：寻找离地球最远的类星体。

　　尽管许多天文学家都想找到那个最远的类星体，从而在天文学史上留名，但使用常规的望远镜设备很难做到这一点。虽然类星体发出的光相当于万亿个太阳，但这也无济于事。类星体距离地球过于遥远，以至于当时的望远镜几乎看不到它们，除非肯特的像管摄谱仪连接到望远镜上。像管摄谱仪是捕获类星体微弱光线的完美工具，因此天文学家需要这个工具，也需要肯特。他长途跋涉将像管摄谱仪安装到世界各地的望远镜上。肯特会飞到欧洲，给那里的望远镜安装仪器，然后回来在纽约的机场与妻子会面。"她会为我准备好换洗衣服，因为我紧接着就要飞往旗杆市与薇拉会合进行观测，"他说，"我们研究类星体的时候确实非常紧张。我们不想因为一些琐事而浪费观测时间，比如安装像管摄谱仪。"[13]

因为薇拉的朋友和同行都知道她有一个搜寻类星体的独特工具，所以他们一直想要她的数据。他们不停地打电话给薇拉，询问她用像管观测到的类星体及其距离。桑德奇甚至给薇拉留言，说如果她有任何新的发现，都给他打个电话，无论昼夜[14]。这一切都开始有点过头了。

薇拉说："那是一个兴奋紧张的时期，但我对'竞赛'的快节奏感到不适。即使非常礼貌的电话，询问我正在研究哪些星系（以免引起研究的冲突），也让我觉得不舒服。"她感到很匆忙，不敢肯定自己的测量结果，尤其是她不像其他天文学家那样经常到望远镜前检查自己的工作。她担心仓促行事会导致她在研究中犯下错误。"那不是我想要的天文学研究，"她说，"我宁死也不愿让其他天文学家发现我犯了错误。"[15]

薇拉觉得自己的声誉受到威胁，遂完全放弃了对类星体的研究。

薇拉将注意力转回那个看起来争议较小的课题上——测量恒星和气体在星系中的旋转速度。她将目光投向了距离我们最近的旋涡星系——仙女星系。

10

仙女星系的年轻热恒星

在远离城市灯火的暗夜中仰望星空，你就可以看到距离我们最近的旋涡星系。它在肉眼下看起来是一个暗淡的灰色椭圆——从一个遥远的星系遥望银河系，也许也是这个样子。在大型望远镜的帮助下，仙女星系，也就是天文学家所说的M31，变成了一团明亮的气体。它的中心极其明亮，往边缘逐渐变暗，形成了明暗相间的同心环。它看起来像是从星系核心发展出来的旋涡结构。这些旋臂引起了薇拉的注意。

与玛格丽特和杰弗里·伯比奇夫妇一起拍摄遥远的恒星和尘埃的旋涡图像时，薇拉把每个星系都看成独一无二的存在。它有独特的奇怪特征，也有着各自的美，就如同地球上的每个人一样。当薇拉第一次与DTM的天文学家伯克讨论仙女星系时，就想要更多地了解气体在星系中的运动方式。在20世纪60年代初，伯克和DTM主任默尔·图夫合作，使用射电望远镜研究氢如何在星系中运动。图夫对于回答宇宙中的重大疑难非常着迷，并且致力于合作研发工具和制订研究项目。这使DTM成为天文学研究成果的摇篮。伯克和图夫使用的是来自西弗吉尼亚州的

300 英尺绿岸射电望远镜的数据。这些数据与范德胡斯特及其同事在 20 世纪 50 年代末使用荷兰的射电望远镜得到的星系气体运动的结果非常吻合。伯克和图夫想研究远离星系中心的情形，所以他们开始与美国国家射电天文台的天文学家莫顿·罗伯茨（Morton Roberts）合作。1966 年，罗伯茨发表了一篇关于仙女星系的论文，揭示了距离星系中心 35000 光年的气体云运动速度。这并不是距离星系中心最远的地方，星系核到最远的边缘处大约有 10 万光年。然而，气体的速度似乎并没有随其远离星系核而下降[1]。

从另一个层面上说，这项结果表明了星系的运动有些不对劲，星系的旋涡结构中包含的物质应当比可见物质更多。但是，这条线索再一次没有引起天文学界的重视。科学家们不确定他们是否能信任射电数据。毕竟射电天文学在当时是一个非常新的领域，而研究人员无法直接观测到气体云中发生了什么。他们墨守成规，仍然持有这样一个假定：遵循牛顿引力定律，星系的自转曲线应当下降。然而，薇拉拒绝接受这个假设。

她说："我从不喜欢假设任何事情。"

射电天文学家发现的快速运动的气体让薇拉想起了几年前在银河系中发现的快速运动的恒星。当时她得到的银河系自转曲线是平坦的。现在看来，仙女星系的也应如此。"当伯克和罗伯茨开始质疑仙女星系中恒星运动速度下降的观点时，"薇拉说，"我想知道如果将基特峰的望远镜对准这个距离我们最近的星系时，是否会看到同样意料之外的结果。"[2]

开始探索星系的不寻常行为是令人愉快的转换，使薇拉从繁忙的类星体工作中抽离出来。对薇拉而言这也是一种回归，十多年前开始研究星系时她就想解决这个问题。她想知道在遥远的星系边缘发生着怎样的事情。"似乎少有人对此感兴趣。"她说，"我当时只想按照自己的节奏工作，做一些学界关心的事情，但在我做研究的时候不希望有人打扰。"

肯特对于研究方向的转移表示接受和赞同。"他人太好了，他希望让像管摄谱仪物尽其用。"[3] 两人都同意把研究焦点放到仙女星系上。

天文学家凝视这个旋涡星系几个世纪之久，最开始用肉眼，然后是越来越大的望远镜，最后用上了可以研究这个星系的化学特征（也就是光谱）的仪器。威廉·哈金斯（William Huggins）爵士在 1890 年拍摄到了仙女星系的第一个光谱。10 年后，朱利叶斯·谢纳（Julius Scheiner）用这些光谱论证了仙女星系不是一个只由气体组成的发光云团，其中必然包含明亮璀璨的群星。数十年后，这个星系的光谱揭示了更多的秘密——仙女星系在围绕核心旋转，就像银河系一样。

为了更好地了解仙女星系的旋转，天文学家霍勒斯·巴布科克在加州大学伯克利分校读研究生时，使用利克天文台的 36 英寸克罗斯利反射望远镜来观测距离我们最近的旋涡星系的中心区域。记录各区域的光谱需要 7 ~ 22 小时不等，但巴布科克颇具耐心和毅力。他一个接一个地拍摄到了星系各区域的光谱。这些努力使他的工作跻身首批星系运动的大尺度研究。这也使他能够绘制仙女星系的自转曲线，早在 1939 年得到的自转曲线，看起来也是没有下降趋势的[4]。

继这项工作，沃尔特·巴德使用威尔逊山的 100 英寸望远镜观测仙女星系，发现在整个旋涡结构中有暗淡的气体斑块。他的结论是，这些斑块是被炽热的年轻恒星发出的强烈辐射电离的气体云。这些气体云是宇宙中的恒星摇篮。这些被称为发射区（emission region）的恒星摇篮在红色波段更容易被探测到，因为仙女星系的气体和尘埃更多地吸收年轻星的蓝光，让恒星的红光得以穿过宇宙空间到达天文望远镜。巴德从 20 世纪 40 年代开始研究仙女星系的发射区，但直到他去世几年后的 1964 年，数据才被发表。

当薇拉和肯特·福特将研究兴趣转向仙女星系时，他们还并不知道巴德所做的工作。不过他们十分清楚，如果想在光学波段（就是我们肉眼看世界的这个波段）画出仙女星系自转曲线，而且要比任何天文学家都画得更远，他们就必须找到星系中的恒星摇篮，即被称为 HII 区的电离氢区。薇拉和肯特将目光聚焦在 HII 区，因为他们知道远离星系核心的恒星，其本身发出的光芒显得很暗淡。而暗弱并不是这类恒星的唯一缺点，它们的光谱也难于处理。一颗孤立恒星的光谱有众多暗吸收线，覆盖了很多波长。处理单个恒星的光谱是一个烦琐的过程，比获取发射区的光谱要花费更多时间。发射区光谱中只有几条发射线，可以快速计算出炽热的年轻恒星围绕星系核旋转的速度。

薇拉和肯特首先规划好准备观测的所有发射区，然后动身去亚利桑那州的天文台观测它们。1967 年，在旗杆市的一个严寒夜晚，他们开始寻找星系中的气体云。美国海军天文台旗杆市站的圆顶盖打开，40 英寸反射望远镜指向苍穹，大楼里的环境温度降到了零下 20 摄氏度。薇拉坐在望远镜前，试图识别发射区。这是一件难事，观察发射区几乎和看向虚空差不多，因为如果没有望远镜的长时间曝光，发射区几乎是不可见的。她试了一会儿后去和肯特换班。肯特正蜷缩在大楼的一间内室里，旁边的一个加热器正在温暖他的手脚。她暖一会儿自己的身子后再去控制望远镜，把肯特换回来。望向宇宙，凝视仙女星系时，她看到"仙女星系的中心发出淡淡的绿色光芒，"她说，"这总是引起我的遐想——在这个近邻星系里，会不会也有天文学家正在观测我们的星系，正在看着我们。"[5]

回味着这个引人入胜的想法时，她又和肯特换班去暖手了。他们就这样在观测仙女星系与蜷缩在加热器旁取暖之间来回切换。快天亮时，他们决定必须采用一个更好的方法来寻找仙女星系的恒星摇篮。薇拉说："我们收拾一下，关了望远镜然后走人。"他们感到有些失落，恰巧这时遇到了天文学家杰拉德·克伦（Gerald Kron）。他是天文台的主任，当时正要走进自己的办公室。薇拉和肯特告诉克伦，他们正在寻找仙女星系的发射区。薇拉说，这是一项乏味烦琐的工作。听到他们的诉说后，克伦突然有了一个想法。

克伦招手让薇拉和肯特进入办公室。他打开了一个大柜子，抽屉里放着巴德的仙女星系照相底片的副本。巴德拍摄的一张又一张的照片中，是他多年前发现的气体云块。薇拉感叹，这是一个不同寻常的礼物，一个"真正的来自天堂的礼物"[6]。

克伦告诉薇拉和肯特，可以与威尔逊山的工作人员联系，请他们寄来照相底片的影印本。数周后，薇拉得到了这些影印本，并重新证认了巴德拍摄仙女星系时确定的 688 个恒星诞生区。对于每个发射区，巴德都要花大约 20 个小时来捕获其光线，但借助肯特的像管摄谱仪，薇拉与肯特只需要不到 90 分钟就能记录下单个发射区的化学特征。在使用巴德的数据时，薇拉仍是一丝不苟的。当她收到记录着巴德数据的玻璃底片后，对于每一张照片她都要花数小时来处理，以确定发射区在 M31 中的确切位置。

薇拉说："对于每个选定的 M31 天体，我都测量了它到附近 3 颗恒星的距离，并制作成表格，以便在望远镜前做些必要的计算。"这些表格对如何使用望远镜进行定位给出了精确的辅助，即先考虑 A 星、B 星、C 星的位置。她说："在望远镜前，用微弱的手电和快冻僵的手，我们做着最后计算，然后慢慢移动望远镜，直到那些难以发现的天体准确地位于望远镜视野的中心。"薇拉和肯特尤其留意不把仙女星系的恒星和我们银河系中的某个暗淡的恒星混淆。"从第一次尝试开始，我们就从未失败过，一直能得到清晰的、可测量的图像。"薇拉说，"不过那确实是一件麻烦事，需要 4 只手。"[7]

很快，薇拉和肯特再次来到旗杆市。这次去的是洛厄尔天文台，俄亥俄州立大学的 72 英寸珀金斯反射望远镜坐落在那里，他们一心扑在探索仙女星系的恒星诞生区上面。到 20 世纪 60 年代末，薇拉离家观测的频率比往常高了很多。她的幼子艾伦，还差几年满 10 岁，开始注意到这点，他总是会问："妈妈去哪了？"他的哥哥、姐姐或父亲会告诉他："观测去了。"家人对于薇拉不在家似乎不会特别担忧，所以艾伦也不担心。当薇拉去观测的时候，艾伦就会吃着薇拉带给家人的火鸡，并热切地等着妈妈回来。

那段时间里有一次特别的观测，有一位客座天文学家陪同薇拉与肯特，他仔细观察着他们的工作。薇拉和肯特完成对恒星诞生区光谱的照相底片曝光后，邀请客人加入冲洗的过程。就像施了魔法一样，底片上慢慢地出现了模糊的图像。这是薇拉和肯特得到的仙女星系中一个暗发射云的第一个光谱，看到这个光谱后，薇拉立刻意识到她和肯特能够以一个前所未有的深度对星系进行探索。"我们欣喜若狂，急切地想回到望远镜前获得下一次的曝光结果，所以那位客人自愿为我们完成显影工作，"薇拉说，"我们带着第二块底片回来时，发现他不小心用热水冲洗了第一块底片。"乳剂被毁，数据丢失了。"玻璃底片成了一片空白，"薇拉说，"我们的客人感到非常羞愧，但我很开心一切流程都能正常运转，所以并不在意。反正我们也需要数百次的曝光。"[8]

失去一次曝光的结果无伤大雅。

薇拉没有为丢失的底片而纠结是十分明智的。在洛厄尔天文台的观测结束后，她和肯特把设备装进了天文台提供的白色雪佛兰萨博班汽车里。汽车向南行驶了 5 个小时，一路风景优美，没有上州际公路。他们开往图森，目的地是基特峰美国国家天文台。他们路过数英亩的日本花田时，薇拉要求停车，她花25美分买了一束香豌豆花，回忆说，很小的时候她就表现出了对园艺的喜爱[9]。回到车上时，薇拉手里多了一束鲜花。在图森－阿霍公路上向西行驶约50英里后，他俩到达了基特峰天文台。一些本地雇工正在那里等候，准备帮助薇拉和肯特卸下装备。薇拉记得他们看着卡车说"肯定有更好的谋生手段的"，她说："我一直不知道那句话指的是他们自己还是指我俩。"

二话不说，薇拉和肯特拆开了像管摄谱仪，准备好进行又一个夜晚的观测，这次使用的是基特峰上的84英寸反射望远镜，这是山上最大的反射望远镜。光谱图一张接着一张地处理出来。薇拉在曝光完成后就开始冲洗照片。她一边吃着冰激凌甜筒，一边等待着每张照片冲洗完成。当照片上光谱数据显示出炽热年轻星周围的气体在特定波段的发射线时，她就会测量被称为氢－阿尔法（Hα）的特定谱线的位置。这条线是氢原子的电子失去能量时形成的，准确地说是电子从第三能级跃迁到第二能级时释放的光子。薇拉以千分之一毫米的精确度测量Hα线的位置。然后，将观测到的谱线位置与实验室中测得的光谱（照相底片只在实验室条件下曝光）进行比较。通过谱线的位置差异，薇拉就可以计算出每个恒星形成区围绕仙女星系中心旋转的速度。

消耗了4根冰激凌甜筒之后，薇拉得到了足够的发射区速度数据来绘制它们与气体云到星系中心的距离的关系图。就这样，薇拉和肯特得到了仙女星系的自转曲线。

它是平坦的。

薇拉惊讶地看着结果。震惊之余，她回想起了自己早年的星系研究工作所受到的批评。为了进一步证实他们所得到的自转曲线的正确性，薇拉和肯特收集了更多数据。到 1968 年，他们已经获得了仙女星系中 67 个发射区的光谱，最近者距离星系中心约 1 万光年，最远的达到 7.9 万光年。他们再次将这些气体云的环绕速度与它们到星系中心的距离的关系画在图上，得到的自转曲线先稳步上升，然后在 200 千米每秒左右（大约是每小时 45 万英里）趋于平稳。它并没有下降。

仙女星系的自转曲线是平坦的。

1968 年 12 月，薇拉在得克萨斯州奥斯汀举行的 AAS 会议上介绍了这些研究成果。报告结束后，加州理工学院的著名天文学家鲁道夫·闵可夫斯基（Rudolph Minkowski）找到薇拉，向她询问与研究结果有关的问题。之后他问薇拉，什么时候会就这些数据发表一篇论文。

"我不知道，"薇拉答道，"还有更多的区域有待观测。"

"我认为你应该现在就发表它。"闵可夫斯基表现得很坚决。

从奥斯汀回来后，薇拉听从建议，着手把结果写成文章。在经常与丈夫和孩子们一起做功课和进行一些小工程的木质长餐桌上，薇拉摊开了她的数据。艾伦看着她在工作，并感受到她在工作中的喜悦，他问妈妈在做什么。她说，自己正在研究一个叫作仙女星系的东西，它的行为看起来并不是天文学家过去所想的那样。艾伦说："她总会在吃饭的时候谈论她的研究工作，总是能讲得通俗易懂。"[10]

一年多以后，1970 年 2 月，薇拉和肯特在《天体物理学报》上发表了关于仙女星系的平坦的自转曲线的工作[11]。其中并没有提及任何的额外物质，也没有解释这些意料之外的运动速度；论文只是展示了数据，结果显示恒星诞生区的运动速度并未随着距离增大而下降，这与牛顿引力定律预言的情形不符。

数月后，澳大利亚天文学家肯尼思·查尔斯·弗里曼（Kenneth Charles Freeman）在同一期刊上发表了一篇论文。他发现了另外两个星系的自转曲线也是平坦的。对此，他认为星系由两部分组成：一是大部分恒星和气体所在的主球体，二是延伸到更远处的盘，这个盘要暗弱得多。弗里曼说，盘的物质组成还不清楚，但它的存在可能是星系自转曲线没有像预期那样下降的原因[12]。

在该文的附录中，弗里曼进一步阐述了与射电天文学家莫特·罗伯茨的讨论。弗里曼指出，如果速度数据是正确的，"则这些星系中一定有未被探测到的额外物质"。他补充说，它们的质量"必须至少和已观测到的星系物质的质量一样大，且其分布必然与光学波段所看到的星系截然不同"[13]。

弗里曼的论文于 1969 年 12 月提交修改版，这个时间点在薇拉发表文章之前，所以弗里曼没有引用她的工作。但这些论文接连发表证明了闵可夫斯基的观点：这个领域同样竞争激烈，比薇拉想象的更激烈些。这可能是闵可夫斯基敦促薇拉发表论文的原因之一。

随着有关平坦自转曲线的论文陆续发表，薇拉和肯特开始与莫特·罗伯茨合作。3人开始测量仙女星系之外的星系中恒星与气体的速度，画出各星系的自转曲线，并将其与罗伯茨依据射电数据画出的曲线对比。这些曲线看起来都很平坦[14]。

家庭晚餐上，鲍勃和薇拉常常就她的工作展开讨论。艾伦·鲁宾回忆说，饭后他们也会继续讨论各自的研究工作。他说："晚饭后他们可以做任何想做的事情，他们的选择是坐在大餐桌前（只有在家里有客人来时才用它吃饭），继续着白天一直在做的科学工作。很显然，他们最想做的事情就是所从事的工作。"

鲍勃和薇拉对待科学的态度是一致的。到20世纪70年代初，鲁宾夫妇的长子大卫开始对地质学产生浓厚兴趣。当薇拉在孩子就读的高中参加志愿活动后，他们的女儿朱迪思也喜欢上了天文学，她是1970年西屋科学天才奖（Westinghouse National Talent Search）的优胜者。鲁宾夫妇的两个小儿子卡尔和艾伦也不甘落后，表现出了对数学的兴趣。

薇拉讨论工作的热情当然不局限于自己的家人。她常常花数小时和肯特·福特、莫特·罗伯茨和珊德拉·法贝尔（Sandra Faber）等天文学家谈论。几年前，法贝尔（当时还是珊德拉·摩尔，Sandra Moore）在斯沃斯莫尔学院读本科时，曾与薇拉和肯特一起在DTM工作了一个夏天。那时她参与了仪器建造、光谱测量等工作，并发表了一篇关于室女星系团的论文。后来她去哈佛大学读研究生，快完成时，发现自己陷入一个尴尬的处境。

她当时已婚，丈夫安德鲁（Andrew）正准备攻读哈佛大学的应用物理学硕士学位，因而得以在越南战争中获得了缓征兵役的资格。但是，缓征期只有一年，所以他和珊德拉不得不做出选择：迁居加拿大，送安德鲁上战场，或者找到一份同样具有缓征兵役资格的工作。

安德鲁从事了水下声学的研究，并借此在华盛顿特区的海军研究实验室找到了一个职位。当时看来这是最好的结果，但也有一个小插曲。珊德拉当时还在哈佛上学，她不希望婚姻处于一个远距离异地的状态。珊德拉和导师提出了这个问题，他们达成共识：既然已经完成了课程要求，她可以搬到华盛顿，在那里进行她的论文工作。珊德拉最初设想的是和海军研究实验室的天文学家合作进行星系研究，但很快她就意识到，在海军研究实验室里，没人可以真正与她讨论研究工作。她觉得自己在实验室是孤立的。听说这些事后，薇拉和肯特再次邀请法贝尔进行合作。

法贝尔说："一夜之间，我就得到了一个非常愉快且事业精进的职位。"[15]

法贝尔回忆说，某一天在工作时，电话响了。薇拉接听了这个电话，是莫特·罗伯茨打来的。

"薇拉，"他说，"我发现在 M31 的自转速度上有一些非常奇怪的结果，想去和你讨论一下。"第二周，罗伯茨在 DTM 的办公室里与薇拉和肯特分享了这些结果。

法贝尔、鲁宾、福特和罗伯茨四人围坐在一张桌子旁，看着关于仙女星系的最新射电数据。罗伯茨据此重绘了仙女星系的自转曲线，比过去测量的结果向远处延伸了几千光年，离星系中心很远的气体云的速度仍然与更近者的基本持平。罗伯茨得到的自转曲线仍然是平坦的。

罗伯茨在讲述他的最新观测结果时，兴奋之情溢于言表。

"嗯，那又如何？"法贝尔说，"你知道的，远50%也只是多了50%的质量，这并不是一个很大的变化。"罗伯茨回应说："你没理解，那里不发光，那里是暗的。"

法贝尔仍不为所动。"我确信，天文学的质量测量中存在一些令人疯狂的真相，"她还确信，"无论如何，这些速度并不能说明什么，它们应该是错误的。"

法贝尔的想法也不是完全没有根据的。为了寻找论文选题，她读了很多关于星系结构和星系群性质的书，她曾计划研究双重星系，探索双重星系是否比随机选择的两个星系具有更多的共同特征。她梳理了星系目录，查看了那些在速度上相差悬殊的双重星系。当她用这些速度来计算相应星系的质量时，她发现得到的数字非常巨大；根据已有的天体物理学知识，这样的星系不可能存在。法贝尔说："它们不可能存在。"[16]

法贝尔当然也读过兹威基、史密斯等人所作的关于星系团中可能具有额外质量的文献，她把双重星系中不可能存在的质量归结为同样的现象，不管问题的本质如何。尽管如此，她仍然认为这个问题暂时不值得花时间去做。

"从没有人真正解决过这个问题，我不想为这个问题而烦恼。"法贝尔说，"这似乎不是一个已经成熟的问题，还没到解决它的时候。"因此，当罗伯茨来向大家展示"又一个疯狂的速度"时，她想，你为什么要搞这么大的事情？这只是同样问题的又一个例子而已。

法贝尔所持的怀疑态度在天文学界并非个例。至少，在薇拉等人发现越来越多的星系都具有平坦的自转曲线之前，规则就摆在那里。

11

我们看不见的物质

　　并非只有珊德拉·法贝尔一个人将平坦的自转曲线当作无法解决的数据异常暂时搁置起来。还有很多天文学家认为数据是错误的。尽管多年来天文学界已经在许多不同层面积累了证据，但多数研究人员仍认为现行的宇宙模型中并没有缺失任何质量。平心而论，这些天文学家的这种看法源于已有的知识和观念。当人们看不见某样东西时，很难说服他们相信它的存在。

　　这样的怀疑是科学中长期存在的。可以参考一下黑洞发现的历史。早在 1784 年人们就预测了黑洞的存在，在 20 世纪初又阐释了黑洞的数学模型，然而这类太空中贪得无厌的吞噬者似乎"像某种神兽或者鬼怪一样……它们更适合出现在科幻小说和古代神话里，而非真实的宇宙中"，加州理工学院的理论物理学家基普·索恩（Kip Thorne）这样写道[1]。

　　一直以来，黑洞都是存在于假想中的宇宙怪兽，并没有黑洞存在的确凿证据，直到 1971 年，科学家们发现了来自一颗蓝色恒星附近的 X 射线围绕着一个奇特的暗点旋转。科学家推测，这些 X 射线来自被黑暗天体从蓝星上吸取的物质，而这个黑暗中的神秘天体就具有黑洞的特征。这是关于黑洞存在的第一个被广泛接受的证据。这一发现的时间正是薇拉等人对平坦自转曲线感到头疼的时候。正如天文学家在没有确切证据的情况下不承认黑洞的存在一样，他们对于平坦自转曲线的真实性和巨量不可见物质的存在进行了激烈争论。

尽管学术界还有诸多的怀疑，薇拉和莫特·罗伯茨等科学家还是一头扎进了寻找平坦自转曲线的其他证据的工作当中。当时加州理工学院的一名研究生，塞斯·肖斯塔克，也想要在寻找平坦自转曲线的证据和解释方面有所作为。在普林斯顿大学读本科的时候，肖斯塔克曾师从物理学家大卫·威尔金森（David Wilkinson）。威尔金森在探测宇宙大爆炸遗迹辐射时的热情鼓舞了肖斯塔克。肖斯塔克带着这股劲来到了加州理工学院，与导师之一的马尔腾·施密特——类星体光学特征的发现者——交谈之后，决定研究星系的自转曲线。肖斯塔克对分析射电数据绘制星系自转曲线的想法很有兴趣。他与加州理工学院的射电天文学家大卫·罗格斯塔德合作，将加州欧文斯谷的两个相连的90英尺射电天线的数据结合起来开展研究。两者联合形成了一个干涉仪，通过观测氢原子21厘米谱线这一发射特征来测量星系中的天体旋转速度。肖斯塔克和罗格斯塔德测量了星系两侧的谱线红移量，并利用这些数据来测量相应位置的气体速度，以及气体速度是如何随着其到星系中心的距离而变化的。

肖斯塔克和罗格斯塔德一直关注着莫特·罗伯茨的工作。通过使用两个90英尺射电天线组成的干涉仪，他们获得了令人欣喜的空间分辨率，能够看清星系最远边缘处的气体云，星系自转曲线可以延伸到几乎没有发光物质的地方。利用这些数据，肖斯塔克画出了 3 个星系的自转曲线，其中结果最显著的是 NGC 2403，一个位于鹿豹座天区的旋涡星系。他发现，该星系最边缘的气体云的旋转速度与更靠近中心的气体云一样快——该星系自转曲线没有下降。

和法贝尔等众多天文学家一样，肖斯塔克一开始也觉得这是一个非常奇怪的结果，不过他认为需要给出一个解释。读过薇拉关于仙女星系的论文和弗里曼关于其他两个星系的论文后，肖斯塔克试着给出了一个解释：自转曲线在远离星系核心的地方仍是平坦的，唯一的解释是"在星系的外部区域有低光度物质"。这是他写在博士论文（完成于 1971 年）里的话[2]。他的观点看起来与弗里曼一年前提出的想法一致：自转曲线平坦的星系中必须包含额外的质量——那些我们看不见的物质。

在肖斯塔克运行射电望远镜收集论文数据的长夜中，他意识到这些窥探宇宙的大天线是另一个领域的完美工具：地外生命搜寻。由于非常着迷于这个想法，他甚至在论文题献上写道，献给 NGC 2403 和栖居其中的所有生命。

从加州理工学院毕业后，肖斯塔克来到了弗吉尼亚州夏洛茨维尔的美国国家射电天文台，罗伯茨在那里工作。肖斯塔克与罗格斯塔德继续合作研究星系自转曲线。1972 年 3 月，他们发表了一篇关于 5 个旋涡星系的特征的论文，包括其气态星系臂里中性氢的速度。这些星系的自转曲线都是平坦的[3]。

肖斯塔克并不满足。他还有很多数据有待分析，因此在1972年的夏天，雇用了一个实习生来帮忙。这位实习生是朱迪思·鲁宾，是薇拉和鲍勃的女儿，正在拉德克利夫学院主修天文学。朱迪思很可能与她的母亲讨论过肖斯塔克的研究，因为薇拉在家的时候就非常喜欢讨论天文学。肖斯塔克说："我难以相信朱迪思没有和她妈妈说过整个夏天里她在干什么。"[4]

这时，越来越多的星系表现出平坦的自转曲线，而这些曲线的异常可能由神秘物质，或者至少是低光度物质造成的。当肖斯塔克继续他的射电观测时，薇拉和肯特正在完成他们对仙女星系的气体与恒星的深入分析。薇拉决定重新研究20世纪60年代初在乔治城大学与学生合作的课题，那时她尝试证认远离银河系中心的暗淡的蓝色恒星。她可以使用这些恒星来画出银河系自转曲线，而且如今她可以自行收集所需的一切，不再依赖他人的数据。为推进这项工作，她使用帕洛玛山天文台的1.2米望远镜对银河系恒星的速度进行了测量。这是艾伦·桑德奇过去曾邀请她在那进行的一个项目的延伸，而时间已经过去将近10年了。彼时，薇拉确定了89颗待追踪的恒星，通过提取这些恒星的化学特征，最终绘制出了银河系的自转曲线。自从1965年薇拉的最后一项相关研究以来，这条曲线一直被忽视了，她认为是时候再看看我们银河系中的恒星运动了[5]。

当薇拉重回银河系恒星的研究时，莫特·罗伯茨正致力于获得更多遥远的河外星系的自转曲线。他被邀请到格罗宁根大学的卡普坦天文研究所，利用韦斯特博克天文台（由奥尔特推动创建）的 25 米射电望远镜研究旋涡星系 M81。罗伯茨与阿诺德·罗茨（Arnold Rots）共同测量了中性氢气体团块环绕星系中心的旋转速度。罗伯茨还调取了在美国国家射电天文台观测到的该星系的数据。将 M81 的自转曲线与薇拉和肯特的仙女星系自转曲线、肖斯塔克和罗格斯塔德的 M101 自转曲线相比较，罗伯茨和罗茨可以详细研究恒星和气体在不同类型的旋涡星系中如何运动。

根据这些数据，罗伯茨和罗茨得出结论，这些旋涡星系中似乎蕴藏着相似数量的物质——大约是 2000 亿倍太阳质量，同时指出，这些星系的形状略有不同。例如，仙女星系有一个明亮的核心和一些从核心向外伸展的旋臂；与仙女星系相比，M101 核心更为致密，旋臂数量更多；而 M81 具有一个比仙女星系更大而弥散的核心以及更少的旋臂。

由于这些星系是形态略有不同的旋涡结构，对其自转曲线的分析可能会揭示出旋涡星系中气体与恒星的运动速度比预期要快得多是否为一个普遍的情形。曾有评论者说，平坦的自转曲线是仙女星系独有的，所以该研究将揭示事实是否如此。罗伯茨和罗茨指出，自转曲线之间确实存在微妙的差异，这取决于旋涡星系的形态差异。M81，这个拥有更大核心的星系，其自转曲线迅速上升，然后逐渐衰减。M101，拥有更多的旋臂，有一条稳定上升后变平坦的自转曲线。仙女星系的自转曲线有一个很大的上升，略微下降后趋于平稳。研究人员写道，在每种情形下，自转曲线都"几乎没有下降，或者相当缓慢地下降"[6]。

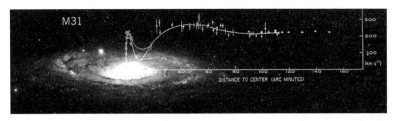

图 11.1　仙女星系的图像与自转曲线（恒星与气体环绕星系核心的旋转速度相对于其到星系中心的距离的关系曲线）叠画在一起。射电天文的观测结果显示为三角形。该曲线在星光暗淡的远处也是平坦的，这意味着在星系外围也有额外质量——暗物质，它们的引力拖曳着恒星和气体以快于预期的速度运行

图片来源：卡内基科学研究所／薇拉·鲁宾和贾尼斯·邓拉普（Janice Dunlap）。

　　罗伯茨和罗茨的论文、薇拉和肯特关于仙女星系的论文，以及肖斯塔克和罗格斯塔德的论文，终于引起了理论天体物理学家的注意。他们被平坦自转曲线所吸引，也对这样的恒星和气体速度对星系旋臂演化的作用感到好奇。在旋臂中，中性和电离的星际气体猛烈地碰撞，引发恒星的形成，而尘埃的波动则在其中穿梭。20 世纪 60 年代初，麻省理工学院的阿拉尔·图姆（Alar Toomre）及其同事，对于旋臂的形成方式，以及随着其中的恒星与气体围绕星系核心的旋转而变得稳定的过程提出疑问。图姆最终的结论是，恒星可能是以一种平滑、均匀、环形的方式围绕星系核运动。如果任何恒星或气体偏离了这运动，星系盘——容纳恒星和气体的盘状结构——就会开始分裂。基于这些假设，他计算出恒星的速度能够偏离其标准旋转速度的上限，以抑制盘的

任何不稳定性从而避免其解体。他发现，银河系中太阳附近的恒星速度并没有偏离标准轨道速度太多，从而使我们的银盘保持稳定[7]。

然而，该分析是基于银河系中相对较小的样本，当天文学家开始测量离星系中心越来越远的恒星的速度时，尚不清楚这样的结论是否仍能成立。正如图姆所指出的，同样存疑的是，考虑影响恒星速度的其他可能因素时具体情况会如何，例如恒星与其邻近的气体和尘埃云的引力相互作用。此外，还需要考虑星系中心的核球（bulge）的引力差异，有些星系的核球更为明亮，表明其中包含更多的质量，这可能会影响星系的恒星与气体如何在其中运动。

20 世纪 60 年代末，正是薇拉开始研究仙女星系自转曲线的时候，电子计算机技术慢慢变得精巧而复杂，足以模拟星系盘中的恒星运动。计算机将恒星表示为盘状团块中的粒子。在弗吉尼亚州汉普顿的 NASA 兰利研究中心，弗兰克·霍尔（Frank Hohl）已经开始用电子计算机来计算大量粒子随着时间的推移会发生什么，这就是对星系盘中恒星的一种模拟。在 1970 年的一份技术报告中，他描述了在控制数据 6600（Control Data 6600）计算机系统上运行模拟（对于数千个粒子的运动方程进行积分）的情况，其结果反驳了天体物理学家关于星系盘稳定的观点。他们先前设想的星系盘保持稳定的方式并不可行，霍尔在他的报告中写道，该模型"被证明是相当不稳定的"[8]。凯文·普伦德盖斯特（Kevin Prendergast），曾与玛格丽特和杰弗里·伯比奇夫妇共事，也曾和薇拉有过合作，发现了类似的情况。在他进行的模拟中，粒子所在的盘会随着时间的推移而瓦解。

他的研究团队还尝试调整粒子属性，使某些粒子能够代表冷却的气体。但这无济于事，在计算机模拟中，星系盘仍然无法稳定存在[9]。

最终，霍尔在模拟中尝试了一些新东西，使他的粒子盘形成了稳定的旋涡结构。往模拟中添加的东西，他称为"固定的中心势"，对应于包围着粒子盘的物质"斗篷"。他对计算机发出模拟的指令，观察随着时间的推移，粒子会发生什么。粒子在盘状结构中剧烈运动，最终形成了旋涡结构的旋臂。这次模拟显示，为了使旋涡结构成形，整个系统中10%的质量在恒星上，而其余的质量必须处于星系盘的外围，包裹着星系盘。

在一次又一次的模拟中，粒子在混乱中运动，然后最终形成一个像纸风车的结构。模拟出来的星系结构看起来与我们观测到的宇宙中的旋涡星系非常相似。更重要的是，这种结构是随着粒子围绕系统中心的运动演化而来的，这与我们在真实星系中观测到的情况类似[10]。理论天体物理学家吉姆·皮布尔斯（Jim Peebles）说，这是一个重要的提示，"一个巨大的低光度'晕'可能是旋涡星系中星系盘保持稳定的原因。"[11]

20世纪60年代，皮布尔斯在普林斯顿大学读研究生时就对早期宇宙很感兴趣，并且是证实阿诺·彭齐亚斯（Arno Penzias）和罗伯特·威尔逊（Robert Wilson）所发现的宇宙微波背景（cosmic microwave background）——宇宙大爆炸遗迹辐射——的团队成员之一[12]。早在 1941 年，加拿大天文学家安德鲁·麦凯勒（Andrew McKellar）就发现了这种遗迹辐射存在的迹象，但彭齐亚斯和威尔逊的发现才提供了确凿的证据，证明在宇宙诞生时、在时间的起点处确实发生过"大爆炸"，而我们就生活在其遗留的辐射场内。这一发现是革命性的，它不仅为创世的瞬间发生的事情提供了证据，也是理解物质在星系和整个宇宙如何分布的关键。在确认这一发现的过程中，皮布尔斯开始思考在早期宇宙中必须包含哪些成分，才能形成气体团块，继而孕育恒星，气体和恒星又进一步结合成星系和星系团。考虑到宇宙在膨胀，这个问题就变得特别重要——物质会随宇宙膨胀变得越来越远，那么它们怎么还能结合以至于形成今天所见的巨大星系呢？

获得博士学位后，皮布尔斯进入普林斯顿大学物理系担任助理教授，几年后他在加州理工学院度过学术休假期。这时，平坦自转曲线的证据正在逐渐增多。在加州时，皮布尔斯开始思考是否可以利用计算机模拟来追踪星系的演化——在宇宙时标中从早期的气体团块演化成现在的星系团。皮布尔斯对于星系演化非常感兴趣，在从加州理工开车回普林斯顿的路上，他在洛斯阿拉莫斯国家实验室停了下来，这是一个核武器研究中心，他获准使用该实验室的 CDC 3600 计算机。

皮布尔斯计划用计算机来对数百个粒子的运动方程进行积分，粒子代表早期宇宙中的气体团块——天文学家称为原星系（protogalaxy）。计算机模拟将验证皮布尔斯关于早期星系及其相互作用的想法是否与天文学家在真实宇宙中观测到的情形一致。

在一名实验室员工的监视下，皮布尔斯（他是加拿大人，不能单独留在实验室里）[13]操作计算机开始进行模拟。模拟结果表明，原星系在早期是相互远离的，然后被某种强大的引力拉近，最终重新聚集。事实上，给定相对模糊的早期宇宙初始条件，模拟也产生了一个看起来与后发星系团惊人相似的集合，这表明弗里茨·兹威基在20世纪30年代对该星系团的描述可能是正确的。模拟结果表明，可能存在一些看不见的物质使星系团中的星系结合在一起。[14]

皮布尔斯十分青睐这种计算方法，将它带回了普林斯顿大学，并将这项工作与早先所做的一项研究——驱动星系围绕其中心旋转的原因——联系起来。他之前已经证明，当一个原星系形成时，内部物质与外部质量相互作用，导致原星系围绕中心的质点旋转。既然星系的种子在旋转，那这会不会就是星系在数十亿年后仍然保持旋转的原因？扬·奥尔特并不这么认为。他曾提出并思考过这个问题，认为早期的圆周运动不足以支撑一个星系自转数十亿年。问题没有得到解决，两位科学家的看法存在分歧。皮布尔斯的模拟还有一个问题：就像霍尔早期的模拟一样，星系会自行解体。皮布尔斯总结说，星系盘中的质量可能不足以使星系保持结合状态。他很想解开这个难题，于是找到另一位普林斯顿的天体物理学家耶利米·欧斯垂克（Jeremiah Ostriker）讨论起来。

欧斯垂克一直在研究一种死亡的恒星——白矮星（white dwarf）的旋转，他也走到了一个令人沮丧的死胡同：根据他的计算，这些天体的自转会使自身演变为一个薄饼状的盘，然后解体。但是真实的白矮星、宇宙中的白矮星，在自转的过程中并没有解体。计算中肯定缺失了什么东西。交流过后，欧斯垂克和皮布尔斯意识到他们正面临着同样的问题：如果他们使一定的质量旋转起来，无论是一颗死亡的恒星还是一个星系，恒星或星系都将瓦解。然而，皮布尔斯在洛斯阿拉莫斯所做的模拟已经取得了成功，这些模拟暗示了一些额外质量可能会使星系保持稳定。皮布尔斯和欧斯垂克再度进行模拟，并将代表星系的粒子包裹在球形的晕中。与霍尔在模拟中引入的中心势类似，这个球形晕也包裹着每个模拟星系。这些星系变得更加稳定；当它们围绕质量中心进行一次又一次的旋转时，它们不会像没有晕的星系粒子那样飞散、解体。欧斯垂克和皮布尔斯写道，这表明星系可能有一个额外的组成部分：除了一个明亮的中央核球，一个由气体、尘埃与恒星组成的星系盘之外，还有一个包裹着星系的晕。晕与星系盘有相同的质量，或者它的质量是盘的 2.5 倍。不管怎样，他们认为星系晕可以解释薇拉、罗伯茨和肖斯塔克等发现的平坦自转曲线[15]。

皮布尔斯说，将晕的质量与解释自转曲线平坦所需要的质量联系起来是"重要的一步"，晕的存在还解释了星系群和星系团的运动[16]。对于法贝尔认为无法解决的问题，晕的存在提供了一个解，它更是对星系结构的彻底重建。现在，星系不仅具有明亮的中央核球和薄饼状的星系盘，而且有一个球形的物质晕。物质晕的存在更是一个具体的证据，说明星系和宇宙包含的物质比当时所能观测到的还要多。

　　当时，欧斯垂克和皮布尔斯并不是仅有的思考者。在他们研究隐藏在每个星系周围的质量时，由爱沙尼亚塔尔图大学的扬·埃纳斯托（Jaan Einasto）领导的研究团组也在思考如何解释星系团的奇怪行为，特别是 40 年前兹威基提出的问题。兹威基曾提出，后发星系团中的质量必须比天文学家所能观测到的更多，星系团中的星系才能聚集在一起；埃纳斯托及其同事现在认同兹威基的观点，指出每个星系都必须包含一些不可见的成分，才能使星系团保持结合状态，并称这些不可见组分为冕（corona）。他们十分肯定地写道："星系团中必须包含暗物质"。这种暗物质（这是在现代首次使用这个短语）可能的形式为"巨大的、延展的、来源不明的冕"。所谓的冕就类似于皮布尔斯与欧斯垂克的工作中包裹星系的晕。

　　为了推断出星系需要这些看不见的冕，埃纳斯托带领团队进行了计算机模拟，使用了 105 个星系的数据，并将它们建模成测试粒子。研究的目标是估算一个星系中冕的质量和半径，并与星系的恒星群体质量和半径相比较，研究人员于 1974 年在《自然》（Nature）杂志上发表的文章写道，模拟结果显示冕的质量和半径均超过已知星系的恒星群体达一个数量级[17]。他们说，星系的冕是庞然巨物，比星系盘大得多，冕给星系增加了质量。这部分增加的质量在一定程度上弥补了，或者说几乎抵消了兹威基所计算的后发星系团的质量偏差。这些冕，或者说晕，看起来解决了兹威基的问题。

数月后，欧斯垂克、皮布尔斯与阿莫斯·亚希尔（Amos Yahil）对相关工作进行了补充，这次他们将关于星系相互作用的计算机模拟与星系群和星系团中需要更多的质量、旋涡星系的平坦自转曲线、旋涡星系盘的稳定性以及天文学家在合并的旋涡星系中观测到的特征联系起来。两篇论文的作者得出了相同的结论：星系中必须包含额外物质——质量大约 10 倍于我们能看到的发光天体，而且这些物质必须大量位于离星系中心非常遥远的地方。

星系中包含的物质应当比我们所能看到的更多，这一观点终于得到了支持。

当然，"这不是个新闻，"欧斯垂克说，"我们只是把一切综合了一下。"[18]

欧斯垂克说，这一结论激动人心，因为天文学家得以重新计算星系中的物质密度。这一计算对于了解宇宙的命运至关重要，据此得出的宇宙密度值，记为 Ω（欧米伽）。Ω 使我们得以一窥宇宙的整体形状，并知晓从现在起数十亿年的宇宙演化和结局。仅使用基于可见物质的星系质量，天文学家得出了一个 0.02 的数值。考虑到不可见物质，即皮布尔斯、欧斯垂克、亚希尔以及埃纳斯托与其同事在理论研究中所描述的晕或者冕，可以将 Ω 提升至 0.2。这一增长可能看起来微不足道，但它意味着真实宇宙的物质密度是宇宙学临界密度的 20%，而不仅是 2%。当这个值为 100% 时，或者说当 Ω 等于 1 时，宇宙是平坦的，就像一条绷紧的被子。它的膨胀速度缓慢，接近于零但未完全停止。如

果 Ω 高于 1，宇宙是球形的，它先膨胀，然后收缩，终结于大挤压（big crunch）中。如果 Ω 小于 1，宇宙形似马鞍，它将永远膨胀，随着恒星慢慢失去所有的能量直至熄灭，这样的宇宙终将变得冰冷和黑暗。

如果没有那些不可见物质的话，宇宙的结局将是冰冷、黑暗而寂寥的。若不可见物质确实存在，并且其质量如理论家所计算的，那么宇宙仍有可能缓慢地归于黑暗，但这个命运的确定性要大打折扣。

即使在所有理论推导与计算机模拟的基础上，重新绘制星系结构，在其中加入一个不可见的物质晕也堪称革命性的工作。那是对宇宙的大胆重构，正如卡尔·萨根（Carl Sagan）后来的一句名言，非凡的观点需要非凡的证据[19]。皮布尔斯、欧斯垂克和亚希尔在 1974 年的论文中写道，寻找"围绕普通星系的巨大的物质晕……具有特别重要的意义"[20]。

谁将去寻找物质晕存在的蛛丝马迹呢？当然是薇拉。将近 10 年前，她就想知道我们银河系外边缘的恒星速度，然后又对仙女星系提出了同样的问题。鲜有人对这个问题感兴趣，这一点倒是她所喜欢的。有了当前理论工作的支持，她得到了推进其研究的许可，彻底搞清楚自转曲线平坦的现象是否存在于其他星系中，以及它们是否包含暗物质。

12

超越所见

1980 年 12 月，在一个寒冷的日子里，一张寄给薇拉的明信片到达了华盛顿特区的 DTM。卡片的正面是一幅绘图，画着宽阔而华丽的餐厅，一排排的桌子和长椅排列其中。天花板上悬着吊灯，墙上挂着名人画像。这个场景来自英国剑桥大学的基督圣体学院。明信片反面是薇拉的一位合作者——诺伯特·索纳德（Norbert Thonnard）的留言，底部有一行醒目的文字："理论家们终于接受了平坦的自转曲线！"[1]

诺伯特刚参加了剑桥大学天文研究所的一个会议。他告诉薇拉，会议期间天文学家展示新成果后，大家进行了热烈的讨论。他介绍了有关星系的工作，特别是传达给与会者这样一个观点：离星系中心较远的恒星，围绕星系核心旋转的速度与较近的恒星一样快。

在过去的十几年中，当薇拉、诺伯特或其他人讨论起恒星和气体，说到它们围绕星系中心运行的速度并没有随之远离星系而改变时，其他天文学家往往就会提出异议。

测量存在一些不确定性。有的射电天文数据甚至证明了在某些星系中较远的气体并不如较近的气体那样快速地围绕星系核运动。好奇于差异产生的原因，薇拉、肯特与诺伯特开始追踪星系中的恒星和热气体的速度，他们观测了一个又一个星系。在他们于 20 世纪 70 年代研究的几十个星系中，星系外层的恒星与内层的恒星均以相近速度围绕着星系核心运行。终于，时至 1980 年，其他天文学家开始相信这些数据。那张明信片便是一个证明。

在诺伯特给薇拉寄去明信片之前的 10 年时光里，她与合作者们在望远镜前枯坐了无数个小时，收集星系的恒星与热气体的数据，从中寻找平坦自转曲线的证据，进而寻找那些极其暗弱的物质。从 1974 年开始，理论家逐渐认同星系中存在不可见物质，即使如此，薇拉仍然坚持搜寻更多的证据。这一次，她从与银河系相似的星系着手，试图弄清楚是否能从其他旋涡星系的观测中得到一些启示，以帮助我们理解银河系的自转。当时，薇拉曾经的合作者杰拉德·德沃库勒尔的同事，得克萨斯大学的天文学家 W. L. 彼得斯三世（W.L.Peters Ⅲ）提供了一些数据，表明银河系的旋臂可能并非交会于球状核心，而是交会于一个位于星系中心的棒状结构上[2]。置身银河系内，我们很难得知银河系的全貌，彼得斯的分析则表明，如果我们可以乘坐飞船去到银河系外，回望银河时，将看到一个充满恒星的棒状结构穿过旋涡星系中心。位于狮子座天区的星系、距离地球 3200 万光年的 NGC 3351 便具有这样的形态。由于 NGC 3351 很可能具有与银河系相似的结构，薇拉决定研究 NGC 3351 中的恒星，及其恒星形成区中的热气体。观测棒状结构中的恒星，发现它们在星系中的运动相当缓慢，这表明该棒状结构是"星系的准静态特征"，而距离星系核远一些的天体则运动得更快些。

棒旋星系（barred spiral galaxy）的自转曲线也是平坦的[3]。

薇拉发现，棒旋星系 NGC 5383 和 NGC 5728 的自转曲线也是平的。这表明平坦自转曲线可能具有普遍性，但薇拉想获得更多的数据来证实这个猜想。她对星系的观测仍在持续。

尽管薇拉对测量旋涡星系的自转曲线深感兴趣，但她的研究从不是单线程的。她常常基于自己的好奇心开始新的研究项目。其中一项研究是由薇拉和丈夫鲍勃合作完成的。他们广泛查阅文献，寻找蟹状星云（Crab Nebula）的第一个历史记录——它是公元 1054 年一颗震惊世人的新星，在天空中爆发了几年后逐渐熄火。如今，蟹状星云看起来像一个气态火球、一个爆炸的烟花，它位于金牛座方向，距地球 6523 光年。经过对相关文献长时间的查阅后，鲁宾夫妇确认，约翰·贝维斯（John Bevis）在 1731 年首先描述了这个宇宙中壮丽的景观。有人提出一个更早的历史记录，但是当鲁宾夫妇检查了相关档案后，发现那项记载中的巨蟹座和蟹状星云之间存在一些混淆[4]。

"几乎每个人都会觉得那非常有趣，"薇拉回忆说，"这是一个可爱的小故事。"这篇讲述历史记录的论文是鲁宾夫妇作为共同作者所写的唯一一篇论文，尽管鲍勃经常出现在薇拉其他论文的致谢部分中。在鲁宾夫妇发表关于蟹状星云的研究的同一年，薇拉、肯特·福特以及女儿朱迪思一起发表了一篇论文，重新审视薇拉在硕士与博士论文中提出的问题：除去由哈勃常数导致的运动外，星系是否有其他的运动，还有星系是否会结合成超大的星系团？文献中已经有许多关于星系团可能有多大的讨论，但他们决定自行收集关于星系群、星系团的数据，特别是星系相对于彼此的运动方式。于是他们观测并收集星系团的速度。在这项工作之后，薇拉又回到了自转曲线的研究上，可能是因为关于星系团的研究太富有争议性。

当这个 3 人研究小组分析星系在两个不同的空间区域的运动数据时，他们发现星系的运动速度与预期值相差悬殊。这些反常的数据提供了一个线索，表明这些星系可能处于一个巨大的星系团中，其尺度比天文学家所预期的更大。或者一个星系群可能整体向另一个星系群运动，这种运动与大爆炸遗迹辐射所预测的大相径庭。这些数据甚至暗示了哈勃常数在整个宇宙中可能是不恒定的，在某个星系群中也许比另一个大 1.25 倍[5]。

很多天文学家并不相信这些数据，或者是不接受薇拉等人对数据的解释。在 1976 年冬天发表的一篇论文中，天体物理学家劳伦·诺塔尔（Laurent Nottale）和唐牛宏（Hiroshi Karoji）将这些异常称为"鲁宾 – 福特效应"，并认为它可以通过星系发出的光的变化来解释[6]。

数月之后，剑桥大学的天文学家 S. 迈克尔·福尔（S. Michael Fall）和伯纳德·J. T. 琼斯（Bernard J. T. Jones）也将矛头指向了鲁宾 – 福特效应，称这些数据"可能只反映了相应的样本区域内的星系不均匀分布"，而"这些数据……与宇宙的各向同性（isotropic）膨胀、星系的无干扰速度场以及由此导致的低密度宇宙的结果是一致的"[7]。薇拉、朱迪思和肯特似乎预见了数据及其解释可能会引发争议，他们在论文的结尾补充道："显然，我们尚未完成这项工作。"[8]

实际上，这项工作远未完成。其他科学家也开始对寻找支持或反对宇宙大尺度结构与运动的证据感兴趣。普林斯顿大学的理论天体物理学家吉姆·皮布尔斯，在发现星系被不可见的物质晕所笼罩的进程中发挥了重要作用，也是在 20 世纪 60 年代末开始研究星系群的结构与运动的科学家之一。皮布尔斯对于它们从宇宙的早期直到今天的演化尤其感兴趣。然而，到了 20 世纪 70 年代中期，天文学家和宇宙学家仍认为宇宙在各个方向上看起来都是一样的，无论从哪个角度观测宇宙，都会有均匀分布的星系团。这种均匀分布就是天文学家所说的各向同性宇宙。如果在均匀分布中存在偏差或异常，天文学家则称为各向异性（anisotropy）。但很难想象，在早期宇宙物质均匀分布的条件下，宇宙介质中如何会有足够的引力和不稳定性，使物质结合在一起，形成恒星、星系，进而构成星系团和超星系团。所以，皮布尔斯想弄清楚：宇宙真的是各向同性的吗？

皮布尔斯与一名学生丹尼尔·霍利（Daniel Hawley）就此问题开展工作，两人创造了一种自动、无偏的方法来分析照相底片，以证认宇宙中的各向同性或各向异性。皮布尔斯说，对星系朝向的统计分析发现，星系看起来"在宇宙空间的各处运动着"。

当霍利去皮布尔斯的办公室里递交相关手稿（也是他的博士论文的一部分）时，约翰·阿奇博尔德·惠勒（John Archibald

Wheeler）恰巧在那儿。这位杰出的理论物理学家曾与尼尔斯·玻尔（Niels Bohr）合作，揭示核裂变的基本原理，并将黑洞这一术语应用到经历引力坍缩的天体上。霍利走进办公室后，惠勒想要详细了解他的论文。霍利讲述自己的发现——一个没有普遍旋转的各向同性宇宙之后，惠勒说："噢，哥德尔会对此着迷的。"惠勒指的是在普林斯顿高等研究院工作的数学家兼哲学家库尔特·哥德尔。20世纪四五十年代，当薇拉还在做硕士和博士论文时，哥德尔就一直在研究旋转宇宙，他曾提出，仅从数学原理出发：宇宙中的星系应当不是均匀分布的；宇宙是各向异性的，且具有普遍的旋转。霍利对这些并不知晓，当他听到惠勒提到哥德尔时，他只能问出："哥德尔是谁？"[9]

惠勒风趣地回答："说哥德尔是自亚里士多德以来最伟大的逻辑学家，对哥德尔而言是一种贬低。"惠勒解释了哥德尔的宇宙模型，告诉霍利这位数学家是一位才智超群的人物，然后拿起电话，拨通了哥德尔的工作电话，并将电话递给了霍利，霍利瞬间脑子一片空白，皮布尔斯说："这真是个热闹而滑稽的时刻。"[10]尽管霍利经历了那样的尴尬场景，但他和皮布尔斯还是在1975年发表了一篇论文，阐明在成对和成群的星系中没有各向异性的迹象[11]。

皮布尔斯的模拟表明，星系团、超星系团与不可见物质（围绕着星系的晕）的相互作用可能对单个星系的生长起到重要作用。随着星系团数据的积累，天文学家开始针对星系团速度的各向异性进行计算，皮布尔斯也对此进行了研究。如果各向异性是真实的，它们将提供宇宙形状的证据：宇宙是平坦的，而非马鞍形的。宇宙形状和宇宙的命运与结局休戚相关。因此，皮布尔斯深入研究了星系速度，发现各向异性可能并不是真实信号，它也可以被归因于数据的噪声。也正是由于这些不确定性，皮布尔斯的计算无法对宇宙形状有更强的约束，马鞍形宇宙或者平坦宇宙都具有"合理的可能性"[12]。

但薇拉并没有放弃她的"异常数据"。她与肯特、诺伯特、射电天文学家莫特·罗伯茨和卡内基的天文学家约翰·格雷厄姆（John Graham）合作，收集了更多的星系速度数据，发现了与皮布尔斯的研究工作截然不同的东西。这个研究小组试图解决这个问题：宇宙的膨胀在所有方向上是一致的（各向同性），抑或存在差异（各向异性）？

如果宇宙膨胀是各向同性的，那么与银河系有相似距离的星系应该以相近的速度远离我们，而无论它们位于哪个方向。这也意味着宇宙在所有方向上都稳定地膨胀。然而，薇拉及其合作者分析所得的数据，发现这些星系完全没有以相同的速度进行各向同性运动，在宇宙的某个区域，有的星系甚至在加速相向而行。数据显示，这些星系的运动速度显然是各向异性的[13]。还有人将这一结果描述为"尺度约为1亿光年的各向异性的宇宙膨胀"。这些异常现象进一步支持了鲁宾–福特效应的结论，为大尺度、各向异性的宇宙膨胀增添了证据。部分天文学家认为这种各向异性不可能存在，因此薇拉的研究团队在1976年秋天发表的研究结果遭到了强烈的批评[14]，甚至被认为是由人为导致的统计学上的假象[15]。后来，皮布尔斯为薇拉辩护，他在和马丁·克拉顿布罗克（Martin Clutton-Brock）合著的文章里写道，他们"不能轻易否定通过精心观测得到的一系列结果，即使其中包含令人瞠目结舌的内容"[16]。

在鲁宾-福特效应引起争论的数年后，宇宙学家乔治·斯穆特（George Smoot）及其同事在宇宙微波背景中发现了一个轻微的各向异性。起初，科学家认为这是由太阳在银河中的运动与银河系在空间中的运动共同造成的。这一发现最终使薇拉和肯特在星系速度中发现的一些大尺度异常特性得到了验证[17]。

和往常一样，薇拉并不喜欢自己的研究工作受到负面的关注和反馈，而且对于争辩数据的真实可靠性也不太感兴趣，所以她回到了单个星系的自转曲线的研究。在处理星系速度数据时，薇拉读到了吉姆·皮布尔斯、耶利米·欧斯垂克和阿莫斯·亚希尔的论文，开篇写道，星系的质量是天文学家早先估计量的十倍以上，这是对星系的平坦自转曲线的一种解释。薇拉想验证平坦自转曲线的正确性——是否众多星系都具有平坦自转曲线，包含质量都比可见物质更大。薇拉的好奇心被莫特·罗伯茨、塞斯·肖斯塔克以及其他射电天文学家的研究工作所鼓舞——他们收集了氢云围绕星系中心旋转的速度数据，尽管这时只得到了为数不多的自转曲线。

然而争议依然存在。针对皮布尔斯、欧斯垂克和亚希尔的论文，薇拉的前同事杰弗里·伯比奇提出了完全相反的观点：星系不需要不可见的物质晕来保持稳定，因而宇宙中也不存在大量的不可见物质。他引用了天文学家达雷尔·艾默生（Darrel Emerson）和杰克·鲍德温（Jack Baldwin）在 1973 年发表的关于仙女星系自转曲线的一篇论文[18]，伯比奇称曲线随着到星系中心的距离的增大而缓慢下降（尽管在论文中这个趋势并不明显）。他认为，星系质量与光度的比值，即质光比很低，这也是星系周围并不存在巨大的不可见晕的证据之一[19]。

薇拉、肯特和诺伯特等天文学家对这个问题十分感兴趣，决心搞清楚大多数星系是否都具有平坦的自转曲线，他们在 70 年代中期制订了一项研究计划，旨在收集大量星系中炽热的气态恒星诞生区的速度数据，而不仅局限于一两个星系。这些观测学家开始逐个星系地寻找恒星诞生区，并利用它们来绘制星系的自转曲线。薇拉也拓展了所研究的星系类型，例如包含了年轻的旋涡星系——具有明亮的中央核球，但没有旋臂。

即使是没有清晰的旋涡结构的星系，也具有平坦的自转曲线。一个典型的例子是 NGC 3115，纺锤星系（Spindle galaxy）。它距地球 3200 万光年，位于六分仪座方向。与薇拉团队所研究的其他星系一样，纺锤星系也具有远离星系中心的恒星，它们围绕星系核心的运动速度与邻近核心恒星的相同。不过，研究小组发现了这个星系的一个怪异之处：星系一侧的恒星以将近 900 千米每秒的速度快速围绕星系中心运动，而另一侧的恒星则以仅 400 千米每秒的速度缓慢绕行[20]。

纺锤星系显然具有平坦的自转曲线，这表明了物质的缺失。但是星系不同侧的速度差异很特别，暗示在星系一侧牵引恒星的东西没有另一侧的多。这样一来，在一个星系中不仅可能存在某种形式的不可见物质，而且这些神秘的物质也许并不总是均匀地分布于星系外围。这是薇拉通过观测研究检验理论家观点的一个范例。理论家自认为已然了解星系的模样，但薇拉研究的这个星系非但具有平坦的自转曲线，还给理论模型带来了新的麻烦。关于星系中到底发生着什么样的事，薇拉的研究又提出了新问题。

皮布尔斯曾说："诚然，一个杰出科学家能够解决一些问题，但一个真正伟大的科学家，提出的问题往往比解决的问题更多。"[21]薇拉对纺锤星系的研究就是一个例子。

困扰天文学家的不止纺锤星系一个，星系 NGC 1275 也令人费解。这个星系看起来像宇宙中的一场爆炸——有一颗炸弹在星系之内引爆，星系边缘有快速运动的物质，内部则留下了运动较慢的物质。早在 20 世纪 50 年代，天文学家就试图搞清楚 NGC 1275 的形状为何如此怪异。有学者认为这是两个星系在不远的过去发生碰撞的结果。还有人说，星系核的一次爆炸可以解释快速运动的外部物质。更有人提出，事实上，两个星系碰巧出现在图像中，而两者之间根本没有相互作用。

薇拉及其合作者经过细致的观测，发现那些快速运动的物质实际上是在视线上位于 NGC 1275 前面的一个星系。我们看这个前景星系的角度是侧向的，直接看到由恒星、气体和尘埃组成的星系盘，而另一个星系坐落其后。薇拉的研究团队在 1977 年年初的文章里写道，之前提出的两个星系的猜想"现在有了坚实的观测基础"[22]。

又一个星系之谜解开了。这就是薇拉在 20 世纪 70 年代末的工作方式。她仔细观测一个又一个星系，寻找每个旋涡星系的独特之处。"薇拉从每个星系的观测中获得乐趣。在某种程度上，每个星系都有了自己的个性，"诺伯特说，"对它们的研究也变得更加个性化。每个星系都能教会我们一些新知识。"[23]

在薇拉和同事的研究中，这些星系展现了一个共同点：它们的自转曲线是平坦的。1978 年，薇拉、肯特和诺伯特发表了一组明亮旋涡星系的自转曲线，包括 8 个星系与 2 组星系对。所有的恒星和气体围绕星系核心运行时都具有相近的速度，甚至在离星系中心 16 万光年远的地方也是如此——自转曲线是平坦的。莫特·罗伯茨及其合作者在 20 世纪六七十年代首次指出了一个类似的现象，薇拉、肯特和诺伯特在论文中写道，射电天文学家"应当为首次引起人们对平坦自转曲线的注意而享有赞誉"。在该论文问世之际，罗伯茨与合作者已经积累了更多关于自转曲线的射电数据。加之最新的可见光数据，薇拉等人写道，结合理论家们的推论（星系包含大质量的晕，延伸至半径很大处）来看，"这些结果呈现出更重要的意义"。这些结果表明，如果星系具有包裹它们的暗物质晕，那么在万有引力的作用下，自转曲线自然是平坦的[24]。

到 20 世纪 70 年代末，暗物质存在的证据迅速增加。早些时候还对自转曲线持怀疑态度的珊德拉·法贝尔和伊利诺伊大学的天文学家詹姆斯·加拉格尔（James Gallagher）在 1979 年的《天文学和天体物理学年评》（*Annual Review of Astronomy and*

Astrophysics）中写道，数据固然包含不确定性、可能存在的观测错误，以及其他悬而未决的问题。然而，他们强调："我们认为不可见物质的发现很可能会作为现代天文学的主要成就之一而流传后世。"[25]

虽然关于隐藏在星系中的暗物质的共识在增长，但对星系自转曲线的疑问仍然存在，尤其是对射电数据的质疑，其中的噪声可能将自转曲线拉平。薇拉使用光学望远镜完成的观测促使天文学界普遍接受了平坦的自转曲线。不过，仍然有人质疑数据和自

图 12.1　薇拉在 DTM 测量星系光谱

图片来源：埃米利奥·塞格雷视觉档案馆 / 美国物理联合会 / 科学图片库。

转曲线的真实性。

薇拉则继续推进研究工作。她绘制了银河系的自转曲线，至少在距离银河系中心 15 万光年远的地方仍然是平坦的。她还画出了星系 UGC 2885 的自转曲线，那是宇宙中最大的旋涡星系之一。薇拉收集了 24 个旋涡星系的数据，特别关注恒星形成区的多普勒频移，这些特征揭示了气体云的速度。物理学家兼哲学家托马斯·库恩（Thomas Kuhn）说，薇拉所提出的问题和对宇宙的观测，对于引发科学的"范式转移"（paradigm shift）至关重要 [26]。

薇拉正在引领一场科学革命：她所观测得到的光谱数据对于揭示星系平坦自转曲线的普遍性至关重要，进而证明了星系必然包含暗物质。薇拉依据星系中年轻热恒星的化学特征来打消同行的质疑："向人们展示一系列光谱，他们就会知道整个事情。"听上去很"简单"。光谱数据的分析结果显示，恒星和气体的速度并没有随着距离增大而下降，星系的自转曲线是平坦的。薇拉在 1980 年 6 月的《天体物理学报》上发表文章阐明：即使是庞然巨物 UGC 2885 的曲线也转而变平坦，在所能探测的范围内（距离旋涡星系核心大约 20 万光年），恒星和气体的旋转速度基本保持不变 [27]。

在所有被观测的星系中，恒星和气体都以相近的速度围绕星系核心旋转，这是一个"真正的发现"，皮布尔斯说，"是鲁宾和福特发现了平坦自转曲线的普遍性，至少是近似普遍性。" [28]

随着越来越多的光谱展示了一个无法否认的事实，越来越多

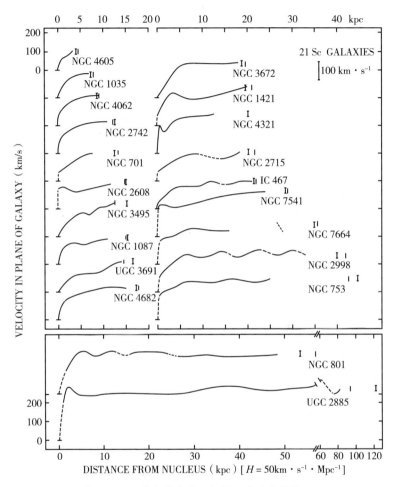

图 12.2 　 21 个旋涡星系的自转曲线，包括两个庞大的星系，UGC 2885 和 NGC 801。如果只有可见物质存在的话，这些曲线将在右侧下降，但这些曲线显然与这个预期不符。如果我们对引力的理解是正确的，那自转曲线的平坦性意味着星系中包含一些不可见物质

图片来源：鲁宾等，天体物理学报（1980）。

的理论学家开始认同星系自转曲线是平坦的，暗物质必然存在。这个趋势在 1980 年 12 月于剑桥天文学研究所举行的会议上体现出来。这就是诺伯特·索纳德在剑桥匆忙写下明信片寄给薇拉的原因，他感叹天文学界终于开始相信关于自转曲线的数据及其结论[29]。"人们明白了，如果要保证牛顿的引力定律仍是正确的，"薇拉说，"就必须承认更多的不可见物质的存在。"[30]

13

暗物质的本质

11月的新德里，惠风和畅，薇拉正为科学生涯中最重要的一次学术报告做准备。她正在参加IAU每3年一度的大会，并且受邀做一个"特邀报告"，这是IAU的一项顶级荣誉。那是1985年，距离她在宾夕法尼亚州哈弗福德学院的AAS会议上第一次做学术报告，已经过去了将近35年。那时，薇拉并没有太介意同行对她的研究工作所给予的负面评价。如今，她更可以游刃有余地为自己的观测数据辩护了。受邀做IAU的特邀报告是令人羡慕的，这标志着薇拉在天文学界赢得了很高的地位。向前来听讲的天文学家发表演说时，薇拉的开场白是：大自然不太厚道，对所有天文学家"玩了个恶作剧"。"我们曾以为自己在研究宇宙，"她说，"如今发觉，我们只是在研究宇宙的一小部分。"这就是由恒星、气体和灰尘点亮的部分。她说，宇宙的其余部分完全是由其他物质构成的——一种"天文学家在任何波段都无法看见的东西"，那就是所谓的暗物质[1]。

薇拉说，科学家对暗物质的探索刚刚起步，因而不得不先就这些神秘物质问一些简单的问题，当然只是"看似简单的问题"，比如，它在哪里？它有多少？它是什么？通过在报告中一一回应这些问题，"我希望这次交流能使你相信暗物质真实存在"，薇拉如是说。

在薇拉做特邀报告的这个时候，众多天文学家已经接受了宇宙包含暗物质的观点。不过，仍有一些人不相信，所以当她站在大会的讲台上时，薇拉阐述了自己做报告的意图：述评那些使暗物质的存在变得几乎不可否认的观测数据和理论框架。

话不多说，薇拉开始讨论所提出的第一个问题：暗物质在哪？她首先讲述了她与同事所做的工作，即研究明亮的发射星云（emission nebula）的运动速度，这些星云是宇宙中炽热的年轻星的形成区，发射星云围绕着旋涡星系明亮的核心旋转。她对听众说道："在太阳系中，离太阳较远的行星，其公转轨道速度较低。受此影响，天文学家长期以来都认为，星系中恒星与气体围绕星系中心的旋转速度将先随着到星系核心的径向距离的增大而增大，达到一个最大值后，再随着径向距离的增大而下降到较低的速度。"然而，在她研究的近百个明亮的旋涡星系中，事实并非如此，"我们没有观测到速度的下降。自转曲线在距离星系核较大的距离处是平坦的或略有增加"。她补充说道，更重要的是，无论研究哪种类型的旋涡星系，自转曲线都是平坦的。

在这场报告中，薇拉赞扬了射电天文学家的观测所作的贡献。莫特·罗伯茨等已经阐明，在一个星系中，比任何能观测到的恒星都更遥远的气体，其公转速度也远超牛顿引力定律的预测。数据显示，暗物质隐伏在宇宙各处的星系中，特别是在每个星系的边缘。薇拉说，星系边缘可能是宇宙中暗物质最多的地方。

为了进一步描述暗物质潜藏在星系中的位置，薇拉简要地回顾了计算机模拟，以及她对那些有一圈物质穿过两极区的星系——极环星系（polar ring galaxy）的观测。薇拉的报告只简短提及了极环星系，然而正如薇拉所说，对这些星系所作的研究，对于理解暗物质在星系中的分布是至关重要的。

虽然在报告中没有详细描述关于极环星系的工作，但在20世纪80年代初，薇拉就开展了对极环星系的研究，那时她正在访问智利的托洛洛山天文台。她与卡内基的天文学家弗朗索瓦·施韦泽（François Schweizer）进行了交谈，施韦泽展示了一个奇形怪状的星系图像，它没有旋臂，有一个矩形的物质盘，包含恒星、气体和尘埃。这个奇特星系的另一个特征是一个由恒星与气体组成的环，它不在星系盘中运行，而是掠过星系的两极。观测这些恒星的运动之后，薇拉意识到这些恒星可能是两个同类星系发生密近交会（close encounter）后被留在两极的[2]。数据还显示，环绕极点的恒星处于高速运动状态，这意味着暗物质也在牵引着这些恒星，就像暗物质牵引星系盘上的恒星一样。这一发现连同星系演化的计算机模拟，似乎表明暗物质不是仅环绕着星系盘，而是从四面八方包裹着整个星系，暗物质就像一个蛋壳，包裹着未破损的蛋清、蛋黄。

随着关于暗物质存在的证据不断增长，天文学家不得不承认，缺少这些不可见物质的宇宙是无法自洽的。普林斯顿大学的理论天体物理学家耶利米·欧斯垂克在一次电话采访中说，薇拉的工作对于推动天文学界接受暗物质的存在至关重要，原因之一是她使用光学望远镜进行观测。在那时，光学望远镜的数据仍然比射电数据更让天文学家信服[3]。射电数据的确将星系的自转曲线延伸得比光学观测的更远，并且对射电数据的不信任并没有使所有的射电观测结果失效；只是在 20 世纪 70 年代末与 80 年代初，"对大多数天文学家来说，天文学，就是光学天文"。"如果你借助 X 射线、射电或其他东西发现了什么，那是'旁门左道'。但如果是使用光学望远镜，在蓝色或红色波段中看到它，"欧斯垂克说，"那才是真正的天文学。"薇拉的工作使平坦自转曲线，以及暗物质的存在得到天文学界的肯定。

"然后人们就会说，哇哦，真令人兴奋！"欧斯垂克说，"当然，那确实令人兴奋。"[4]

在说服天文学界相信暗物质存在的过程中，薇拉是一个领军人物，这也是为什么她被邀请发表 IAU 的首次有关暗物质存在的演讲。在讲述了暗物质在哪里之后，她接下来谈到的问题是：暗物质的量有多少？过去，估计一个星系中恒星的数目以及气体与尘埃的数量后，天文学家就可以算出星系的质量。此外，根据恒星在星系外边缘运动的速度可以得到一个星系质量的估计值。然而，这两种方法给出了非常不同的答案。基于速度数据计算的星系质量将是恒星、气体和尘埃质量之和的 5 ~ 10 倍。

这个差异是相当显著的——这意味着每个星系的质量将是天文学家过去所估计的 5 ~ 10 倍。将所有星系的质量加在一起，算上之前未曾考虑的暗物质，不仅改变了宇宙的整体构成，还打击了天文学家知晓宇宙整体形状和最终命运的信心。暗物质的加入意味着人们需要对宇宙进行彻底的重新认知，这也使科学家对暗物质的本质进行了疯狂的猜想。

讨论暗物质的质量后，薇拉开始回顾科学家探索暗物质本质的简史，从她在 20 世纪 80 年代初所说的一句幽默的话——"暗物质可能是砖块、棒球、木星、彗星或超小黑洞"[5]——开始讲起。早期天文学家所持有的观点也是暗物质由我们所知的物质构成，20 世纪 20 年代，扬·奥尔特等就猜想：暗物质是当时的望远镜尚无法观测到的、非常暗弱的恒星或气体。在 20 世纪 70 年代，射电天文学家莫特·罗伯茨及其合作者罗伯特·怀特赫斯特（Robert Whitehurst）推测，不可见物质可能是矮星——宇宙中最冷且最小的恒星。剑桥大学天文研究所的马丁·里斯（Martin Rees）和西蒙·怀特（Simon White）提出了类似的假设："最合理的暗物质候选体是小质量星、大质量星燃尽的遗迹或特大质量星的残骸。"[6]几年后，有科学家甚至提出，暗物质可能是由早期宇宙的黑洞构成的。黑洞是致密的时空区域，巨大的引力使没有东西能够从中逃脱。

暗物质的形式是暂时无法探测的某种"普通物质"，并非所有人都持这样的观点。薇拉强调，物理学家对现在的宇宙有多少普通物质，或重子物质（baryonic matter），以及大爆炸后的刹那有多少物质已经有了相当好的认识。根据宇宙学理论，大爆炸后不久，重子物质以相当精确的比例进行了分配——具体而言，是氢、氦和少量锂的原子和分子。在早期宇宙中添加任何普通物质都会使氦过多而氘（氢的同位素，原子核中除了一个质子外，还有一个中子）不足。稍微调整一下早期宇宙的"配方"，有微小的可能使得宇宙缺失的质量能在失败的恒星——褐矮星（brown dwarf），以及死亡的恒星——白矮星中找到。然而，深入研究相关数据与宇宙学模型之后，天文学家发现对于宇宙物质还是低估了。天文学家对宇宙平均质量密度（表征宇宙形状和命运的主要参数 Ω）的估计值为 0.2，而在这 0.2 中，只有不到 0.05 是普通物质。至少依据科学家的最优估计，宇宙中的大部分质量不可能来源于重子，而必须是其他物质。

　　另一组论据也表明宇宙需要比重子物质更奇异的物质。这些论据来源于一个未解之谜：为什么大爆炸遗迹辐射看上去很平滑，而相较之下宇宙的物质分布却如此团块化、不均匀。20 世纪 70 年代末 80 年代初，阿兰·古斯（Alan Guth）、阿列克谢·斯塔罗宾斯基（Alexei Starobinsky）和安德烈·林德（Andrei Linde）提出暴胀（inflation）理论来回答这个难题。暴胀发生在宇宙起源后的一个瞬间，它实际上只在大爆炸之后持续了无穷小的一个时间微元（大约只有亿亿亿亿分之一秒）。在创世之初，宇宙充满了量子涨落（quantum fluctuation），一个个微小的引力势阱成了孕育星系的种子。宇宙在暴胀期间，空间呈指数膨胀，量子涨落被放大，质量得以累积，形成恒星、星系，进一步构成了卷须状的星系与星系团的大尺度结构。

　　暴胀理论解释了宇宙中大尺度结构的起源及其与大爆炸遗

迹辐射的平滑性的不一致性。在暴胀理论的框架下，宇宙是平直的，宇宙处于临界密度状态（$\Omega = 1$），因此暗物质必须具有比重子物质更奇异的形式。暗物质应当与我们迄今为止探测到的任何物质都大不相同。

早在 1974 年，科研论著中就出现了关于暗物质的奇特性质的观点，到 1977 年，有科学家对非重子暗物质的本质进行了一些猜想。五年过去，在科学界普遍接受暗物质的存在后，这些猜想才开始引起学界注意[7]。

天文学界接受了暗物质的存在之后，物理学家马上开始了天马行空的猜想，提出了形形色色的暗物质候选体。相应地，宇宙学家利用对宇宙诞生和演化的计算与模拟，对这些假想粒子进行了限制。科学家首先提出了中微子，包括较轻的中微子和较重的。很快人们就发现轻中微子模型的严重缺陷。将轻中微子从暗物质候选体中排除的正是珊德拉·法贝尔，她在 20 世纪 70 年代与薇拉共事，曾撰写论文呼吁科学家认真考量暗物质存在的证据。法贝尔对小型椭球星系的观测表明，暗物质粒子的质量必然大于轻中微子的理论值。在她的研究结果公布后，这类粒子就被排除在外了[8]。

粒子物理学家并没有止步，他们把注意力转向了更重的中微子。科学家在 20 世纪 70 年代末提出了这种假想粒子，从而使宇宙闭合（Ω 大于 1），即宇宙拥有足够的质量来克服大爆炸驱动的膨胀。在这个图景下，宇宙将重新收缩并最终崩坠[9]。1978 年，加州理工学院的詹姆斯·冈恩（James Gunn）和耶鲁大学的加里·斯泰格曼（Gary Steigman）两位天文学家认为这种假想粒子与薇拉等在星系中发现的不可见质量几乎完美契合。他们写道，这类中微子是最合适的暗物质候选体。依据其理论，在早期宇宙中，这些粒子会结合在一起，形成引力势阱，吸引普通物质，因此恒星、星系与不可见晕将一起生长[10]。然而，法贝尔的研究使暗物质由中微子构成的观点都变得不甚牢靠，于是物理学家转而寻找其他可能的暗物质粒子。

斯泰格曼和迈克尔·特纳（Michael Turner）是弱相互作用大质量粒子（weakly interacting massive particle，WIMP）的支持者。WIMP 是很有希望的暗物质候选体，以至于粒子物理学家花大力气建造探测器以期捕获这种物质。此外，有物理学家提议将轴子（axion）作为一种暗物质粒子。轴子首次提出是在 20 世纪 70 年代末，以一款洗衣粉的名字命名，因为科学家认为它可以"清理"粒子物理学中一些混乱的细节[11]。詹姆斯·伊普瑟（James Ipser）和皮埃尔·西基维（Pierre Sikivie）写道，到 20 世纪 80 年代，科学家认为轴子极其适合作为暗物质粒子[12]。因此，与 WIMP 一样，物理学家设计了精巧的实验，以证实轴子是否存在。

随着中微子、WIMP、轴子等选项的出现，暗物质候选体组成了一个粒子动物园。在 IAU 的特邀报告中，薇拉简要地评述了所有的暗物质候选体，然后毫不避讳地谈到了当时的屋中之象：暗物质根本就不存在的观点。与引入暗物质相反的是，部分科学家提出，星系的平坦自转曲线可以用修正的引力理论来解释。以色列物理学家莫德海·米尔格罗姆（Mordehai Milgrom）认为，严格遵循 17 世纪的牛顿定律来计算星系动力学，实际上是略显狭隘的。米尔格罗姆认为，牛顿的定律虽然在研究地球上的苹果落地或者处理太阳系的问题时是极其可靠的，但对于星系的尺度和浩瀚的宇宙，有可能会失效。他决定修正牛顿定律及其在星系所具有的典型小加速度下的作用方式。米尔格罗姆与雅各布·贝肯斯坦（Jacob Bekenstein）合作得到的理论被称为修正的牛顿动力学（modified Newtonian dynamics，MOND），他们尝试用 MOND 解释星系的平坦自转曲线。令人惊讶的是，调整后的算法能够重现自转曲线的平坦特征[13]。并没有多少科学家对于修正星系尺度的牛顿定律抑或接受暗物质的存在进行十分深入的思考。

不过，薇拉保持着开明的思想，她的座右铭就是永远不要人云亦云，她希望 MOND 的拥趸者此刻也在 IAU 的大会中："我很遗憾他们不能在这里讨论工作。"薇拉认为，只有同时听取他们的意见才是公平的。薇拉对在座的科学家说，暗物质的存在"是一个故事"，而我们才刚刚开始理解其中的某些细节。她的演讲总结了 20 世纪 80 年代中期与暗物质有关的天文学、宇宙学和粒子物理学的研究现状，明确指出其中的一些问题已经被她与同行的研究所解决。但是，"许多答案仍没有被发现，"她说，"我们还需要学习很多东西。"[14]

14

天文学界的性别歧视
和更加黑暗的宇宙

薇拉的观测活动、学术会议和报告使她常常远离家人，而有时正是家人提醒着她对于天文学界以及其他想成为天文学家的女性的责任。1975 年的一个晚上，薇拉、鲍勃和他们最小的儿子艾伦坐在家里长长的木质餐桌旁——不在办公室的时候，薇拉常常在这个餐桌上工作。一家人正在讨论薇拉受邀前往华盛顿特区知名的宇宙俱乐部做讲座。她将面向华盛顿哲学协会发表演讲。这是一个科学教育组织，定期邀请世界各地的研究人员分享他们的最新工作。薇拉乐于接受这一邀请，但有一个规定使她感到不悦：女性不允许从前门进入俱乐部。所以，即便作为受邀的演讲者，她也必须从侧门进入俱乐部。她现在面临着抉择：忽略这一点，从侧门进去并介绍她关于星系的研究工作，或者干脆不去。

做出选择并不是件容易的事。宇宙俱乐部是薇拉与天文学最初的联系之一，早在她上高中时，戈德堡夫妇就带她去听唐纳德·门泽尔的演讲。她确实想在那里展示自己的工作。但她不想从侧门进去，那意味着她在某种程度上是低人一等的，而这只因为她是一个女人。当时十几岁的艾伦想了个办法，他说："从前门进去，说你是一个男人。"薇拉没有采纳儿子的建议，而是按照规定从侧门走进去。"我很惊讶，"艾伦后来回忆说，"这样退让不是她的作风。"[1]

这一次，薇拉罕见地因性别原因而退缩。一直以来，她对于女性在科学界的不平等越来越直言不讳，特别是当她从女儿那听说，科学界对女性的鼓励并不比自己还是学生时好。薇拉回忆起朱迪思在拉德克利夫学院的事："在女儿遇到麻烦去寻求导师帮助时，她那年轻而聪明的导师居然也建议她放下学业，先去结婚。"[2]在朱迪思告诉母亲这个可怕的故事后不久，薇拉与安妮·考利（Anne Cowley）、罗伯塔·汉弗莱斯（Roberta Humphreys）、贝弗利·林茨（Beverly Lynds）等天文学家一起编写报告提交给 AAS，总结了女性在这个领域中的状况和地位。在 20 世纪 70 年代初，AAS 成立了一个工作组，收集天文学界女性学者的相关数据和事迹，并记录她们在求职、科研和取得学位时所面临的挑战。这个小组整理数据时，发现了一个惊人的趋势：在 20 世纪 70 年代，AAS 的女性比例是有史以来最小的。此外，学会从未有过一位女主席，只有过两位女性担任过副主席，而男性有 58 位。女性从来没有单独赢得过 AAS 奖（1959 年，玛格丽特·伯比奇与丈夫共享了奖项，但除此之外再没有其他女性获奖者），而这个奖项对于男、女学者的申请都是接受的。女性天文学家能获得的几乎唯一奖项是安妮·詹普·坎农（Annie Jump Cannon）奖。这是专门颁发给女性的奖项。玛格丽特·伯比奇曾被提名为获奖者，但她在 1972 年拒绝了这一奖项，理由是它只给女性（有施舍之嫌）。1974 年，颁发该奖项的组织发生了变化。它不再来自 AAS，而是由美国大学妇女协会颁奖，AAS 负责提名。而为 AAS 撰写报告的薇拉等女性学者想知道：取消带有性别限制的奖项，是否会提高女性获得其他几乎全部授予男性学者的奖项的概率？

薇拉、考利、汉弗莱斯、林茨的报告中说，除了奖项，女性的教职任命数量也远低于男性。与美国科天文学会的男性成员相比，大多数拥有天文学博士学位的女性学者都处于不太有声望的非终身教职上。这可能是因为在聘用过程中存在公然或者隐性的性别歧视。诚然，学界的性别歧视正在慢慢改善，最大、最先进的望远镜现在向女性开放，以前拒绝接收女性学生的研究生院（如普林斯顿大学）现在也已改变。但仍有其他问题阻碍着女性在天文学界的职业发展。具有相同资质的男性与女性之间存在显著的薪酬差距，已婚女性的低薪甚至被认为是合理的，"因为她们的丈夫在工作，所以她们并不是很需要这些钱"。此外，在高质量期刊上发表论文的机会也存在差异，尽管女性具有与男性相同的科研生产力（每年约 4 篇论文）。撰写报告的小组发现，获得天文学博士学位的女性比例在下降：1947 年至 1952 年，这一比例还有 12%，但从 1962 年到 1972 年，仅有 8% 了 [3]。

根据这些数据，薇拉等写道："我们认为，女性在职业生涯的几乎所有方面都面临着远大于男性同行的阻碍。"她们还指出，如果妇女平等地被接受和聘用，天文学界将得到极大的充实与丰富。她们推动一份 AAS 女性成员的名单在学会内广泛传播，以便在学会任职、AAS 委员会的任命、论文发表、奖项提名以及社会包容的许多其他方面考虑女性。薇拉等还敦促各大学在招聘时坚持平权法案，改写可能阻止妇女与丈夫在同一部门获得教职的裙带关系禁令，并妥善处理利益冲突的问题。最后，她们请求 AAS 主席将她们的报告与倡议书寄给各天文系、天文台和其他雇用天文学家的地方，希望相关的机构采纳这些建议[4]。关于当时的 AAS 主席罗伯特·克拉夫特（Robert Kraft）是否听取了薇拉等女性天文学家的建议，并没有明确的记录。不过，在克拉夫特的任期之后，玛格丽特·伯比奇在 1976 年成了 AAS 主席。在任职期间，她说服 AAS 成员通过了一项规定：禁止在没有批准美国宪法平权修正案的州举行会议[5]。看起来，薇拉第一次正式呼吁天文学界的男女平等起到了一定的成效。这当然不会是她最后一次发声。

奇怪的是，在完成提交到 AAS 的报告一年后，当有机会向宇宙俱乐部的惯例挑战时，薇拉却服软了。也许是她认为不值得为那件事大动干戈。薇拉还曾经被警告，为女性大力宣传可能会影响她的职业生涯。正因如此，薇拉更要不断为消除性别歧视，尤其是消除科学界的性别歧视而呐喊。

就在薇拉向宇宙俱乐部的惯例妥协的时候，她的女儿朱迪思拒绝了导师的建议。当时朱迪思 20 岁出头，已申请攻读明尼苏达大学的天文学博士学位，同时也准备结婚。她坚信婚姻不会结束她的天文学事业。听到这个消息后，老师建议她获得硕士学位后就不要再读书了。薇拉回忆起女儿的老师们的话："如果她要结婚，就不可能认真地做一个天文学者了。"但是，朱迪对两者都很认真。她结婚了，并继续她的天文学生涯。薇拉沉思着说，一个男人会不会因为结婚而面临类似的评论很难说，但女性确实面临更多的阻碍[6]。

薇拉说，众多阻碍之一是科学界的用词。1978 年，她给《今日物理学》（*Physics Today*）的编辑写了一封信，指出虽然各方都在努力使有能力的女性参与科学研究，但科学界通用的话语仍然反映了科学是一个由男性主导的领域。她希望科学界所使用的话语更具包容性，以彰显无论性别，任何人都可以从事科学研究。她特别提到表格、提案和 NASA 的申请，其中有关申请人资质的表述，几乎都是"他"有哪些成果，或者"他的"数据说明了什么等。薇拉认为，这样的书面文件暗示着科学研究只由男性完成的意思。她说，如果要使科学界更加包容，再不排斥女性，那么"必须先改变这些用词"[7]。

几年之后，她再次在《今日物理学》杂志上撰文揭露科学研究和科学界用词中的性别歧视。这次她的矛头指向了一篇指导研究人员如何就其工作进行演说的文章。文章完全忽视了物理学家中也有女性的事实。薇拉指出，文章所有的表述都是针对男性物理学家的。最悲哀的是，文章中出现的一个女性代词，指的却是一个摔倒在地的舞者。薇拉写道："大概在男性的物理学世界里，只有女性才会摔倒。"她批评了这篇文章及其编辑评论，还强调她的建议在今天和在文章首次发表时一样重要（该杂志在 1951

年、1961 年和 1981 年都刊登过这篇文章）。薇拉在 1982 年的评论中讽刺道："至少摔倒的舞者也有可能是男性。"[8] 薇拉于 1981 年入选美国国家科学院，她在科学院也奋力推动女性在科学领域的进步。她的姐姐回忆说，当她在科学院会议上发言时，领导们都不太愉快，因为他们知道薇拉一定会问：你们在准许女性进入科学院方面做了什么[9]？

态度在转变，情况在改善，尽管过程很缓慢。就在薇拉批评"男性物理学家从不跌倒"的文章的同年，玛格丽特·伯比奇当选为美国科学促进会的主席。这个促进会是世界上最大的综合性科学协会。1984 年，伯比奇获得了 AAS 的最高荣誉——亨利·诺利斯·罗素（Henry Norris Russell）讲席奖。一年后，也就是薇拉在 IAU 会议上发表特邀报告的那年，珊德拉·法贝尔赢得了 AAS 和美国物理学会的丹尼·海涅曼（Dannie Heineman）天体物理学奖，这一奖项过去只颁发给男性。也许最令人鼓舞的是，女性在世界各地的望远镜上观测的机会大大增加；有个研究小组甚至在工作的时候专门给薇拉发了一封电报，兴奋地告诉她，有一天晚上，在智利托洛洛山上，所有大型望远镜前都只有女性天文学家在观测[10]。这是迈向平等的一小步。

在不断地奔走呼吁科学界的女性应当得到更多认可的时候，薇拉也继续在望远镜前探索星系的行为。由于薇拉对形形色色的星系都很着迷，无论是标准的还是行为奇特的星系，她和同事拓展了研究的样本，增加了像 UGC 12591 这样的庞然巨物。这是一个巨大的旋涡星系，位于飞马座方向，距离地球约 4 亿光年。当薇拉等观测这个星系中的恒星速度时，她们的发现令人惊讶：不仅外围的恒星与内部的恒星具有基本相同的运动速度，而且该星系的所有恒星看起来都非常快。它们以 500 千米每秒的速度（大约 100 万英里每小时）环绕着星系核心运动，比银河系中的恒星公转速度快 2 倍，这意味着这个星系必须拥有大量的暗物质。薇拉不禁思考：这个星系巨兽中的情形是宇宙中的独一份，或者说其他的超大旋涡星系中也有类似的状况[11]？

当她搜寻奇特的旋涡星系时，薇拉开始与天文学家黛德丽·亨特合作，后者作为博士后研究员加入了 DTM。亨特在 1982 年获得天文学博士学位，来到卡内基之前在基特峰美国国家天文台做了几年博士后工作。在当时基特峰的工作人员约翰·加拉格尔三世（John Gallagher III）的帮助下，薇拉和黛德丽开始寻找更加远离星系中心的恒星和热气体。她们的第一批目标星系之一是棒旋星系 NGC 3198，位于大熊座方向，距离地球 4700 万光年。薇拉、黛德丽和加拉格尔用基特峰的 4 米望远镜观测它，发现在星系盘的极边缘处也有恒星形成的迹象。这种情况非常罕见，他们需要更多的数据来证认那里到底发生了什么。总之，这是首次在光学波段一窥星系极边缘处的气体和恒星[12]。这一发现促使她们在其他星系的边缘寻找离星系中心极其遥远的恒星，例如超大质量星系 UGC 2885。

薇拉虽然把大多数研究精力放在了单个星系的研究上，但也花时间回顾了她在硕士论文中提出的问题。在 20 世纪 70 年代，薇拉与肯特·福特、女儿朱迪思一起再次研究这个问题：除了哈勃常数所预测的星系相对运动（星系因宇宙膨胀而相互远离），是否存在大尺度的星系本动（peculiar motion）？在研究这个问题的过程中，薇拉和卡内基的科学家诺伯特·索纳德描述了利用星系自转曲线计算哈勃常数的新方法。在20世纪80年代，有研究小组估计，哈勃常数大约是50千米每秒每兆秒差距（1兆秒差距约等于326万光年）。但这个常量的数值存在争议。另一个组估算的哈勃常数高达90千米每秒每兆秒差距。薇拉和肯特·福特也可以基于他们的观测数据推导出对哈勃常数的估计值。

他们写道，"结果令人惊讶"。数据分析表明，哈勃常数大约是80千米每秒每兆秒差距。他们的工作表明，当时有些天文学家得到的哈勃常数的较低估计值可能是错误的。（如今，哈勃常数的值仍处于争议中，根据某些数据得到的哈勃常数是67.4千米每秒每兆秒差距，而从其他方面得到的估计值是73千米每秒每兆秒差距）。此外，薇拉等设计的方法提供了计算星系的实际亮度的另一个途径，而这反过来又能更精确地估算星系到地球的距离[13]。

在这项工作的基础上，薇拉在所研究的旋涡星系样本及其所在的星系团中发现了预期之外的随机运动[14]。珊德拉·法贝尔及其同事也发现了椭圆星系具有意料之外的速度。这些结果提出了关于引力的"严峻的宇宙学问题"：宇宙为何能允许这些大尺度的星系本动贯穿于如此巨大的空间，特别是我们还假定了宇宙在演化过程中是均匀的？

在哈佛史密松天体物理中心，由玛格丽特·盖勒（Margaret

Geller）和约翰·修兹劳（John Huchra）领导的研究小组对大量星系进行了研究，发现恒星和星系分布在相交的巨大"气泡"的表面上，而气泡内的空间却几乎是没有物质的虚空。这是一个革命性的发现。如果正确的话，天文学家将不得不再次推倒重建他们的宇宙演化模型[15]。总之，这项工作又一次给科学家当头一棒，他们不了解如今的宇宙中的大尺度结构和星系运动，也不了解早期宇宙，至少没有他们想象的那么了解。薇拉在 1988 年写道，这些数据揭示了，宇宙是以一种"非随机的、团块化的方式"分布的，而这种团块性"产生了大尺度的体运动"（bulk motion），这种运动"暂无其他反面的证据……它可以用牛顿万有引力的理论来描述"[16]。换言之，她在 30 年前完成的研究生工作部分是正确的：宇宙中存在大尺度的结构和运动，不过那不是万有的旋转。

20 世纪 80 年代末，在科研论文中出现相关讨论后不久，更多的数据将支持宇宙的团块、气泡和巨洞的存在。而这一次，数据不是天文学家使用地面上的望远镜观测星系时得到的，而是来自对宇宙微波背景，即大爆炸遗迹辐射的精确观测。这些数据来自宇宙背景探测器（cosmic background explorer，COBE），一颗 1989 年发射到太空的人造卫星。卫星将数据送回地面后，大爆炸遗迹辐射的精确天图再一次给天文学家带来惊喜。他们清楚地看到，在 2.725 开尔文处有一个背景信号，证实了早期宇宙确实是炽热而稠密的，并迅速膨胀和冷却。微波背景辐射信号大体上是均匀的。不过，经过仔细检查后发现其中存在微小的各向异性，应当是由早期宇宙中的引力微扰引起的微小温度涨落。这些微扰使得物质聚集起来，形成气体云，进而形成恒星。很可能正是宇宙背景中的这些扰动孕育了整个宇宙的星系网络。

不过，在这个激动人心的发现之外，COBE 的观测结果带来了一个小问题：暗物质和普通物质含量的计算结果仍然没有达到宇宙学家们所期望的宇宙临界密度。宇宙学的理论认为 Ω 应该等于 1，宇宙应该是平坦的，然而 COBE 的结果似乎说明了事实并非如此。

一如既往，并非所有的问题都得到了解答，而且有许多新问题被提出来。

薇拉仍然专注于星系。她前往著名的帕洛玛山天文台进行观测与研究。在帕洛玛山，她不忘提醒天文学家注意科学界的性别歧视。随着技术的进步，她使用卓越的 5 米望远镜进行观测的流程已经改变了，观测者只需要在温暖的观测室里用计算机操作望远镜，而不是像过去那样，在寒冷的圆顶或者小隔间里用照相底片进行观测。不过，她还是走上了望远镜的圆顶，而且一眼就看到了只供男人使用的卫生间。这次，她直接画了个穿裙子的女人，贴在了卫生间的门上。薇拉在帕洛玛山的 4 天里，这个简易标志一直挂在那里，但一年后她再访时，那标志不见了。

薇拉并没有因为标志被取下而感到生气，她觉得自己已经做了该做的事。到了这时，她说自己的注意力已经从天文学的前沿突破转移到了对家庭的关注。薇拉的孩子们已经开始有了孩子，她想为孙儿们"塑造出记忆中那种温馨而慈祥的氛围"。她担心不停地工作会使自己过于忙碌，无法像印象中自己的祖母那样，所以她发觉自己常常选择去看望孙子孙女，而不是去参加一场又一场的学术会议[17]。

为了增加家庭团聚的时间，鲍勃和薇拉于 20 世纪 80 年代末在杰克逊霍尔买了一套公寓。艾伦说："他们认为，如果想吸引遍布全国的孩子们和孙子、孙女们，就必须挑一个好地方定居。"薇拉的孩子们和他们各自的家庭分布在全美各地：朱迪思是马萨诸塞大学阿默斯特分校的天文学家；艾伦在斯坦福大学，大卫在美国地质勘探局，两人都是地质学家；卡尔则是俄亥俄州立大学的数学家。薇拉和鲍勃的计划是奏效的[18]。每年都会有孩子和孙子到怀俄明州来看望薇拉和鲍勃。

随着陪伴家人成为优先事项，薇拉重新开始平衡工作、家庭和社交，就像几十年前作为妻子和母亲所作的那样。她回忆说，在某个星期里：她访问了纽约的瓦萨学院，向校长献上敬意；星期四，她与附近的孩子们待了一段时间；星期天，她回到华盛顿，参加美国国家科学院举办的晚宴。薇拉说，天文学是一个额外的家庭成员，它很有趣，但有时也很恼人。

虽然薇拉更多地把时间放在家庭上，但这并没有阻止她在获得观测时间的时候去帕洛玛山，也没有妨碍她施展绝活——在卫生间上贴剪纸，提醒着人们注意女性在天文学界的不平等待遇。这一行为代表了她的行动主义（activism）的冰山一角，而且随着事业发展，她的行为更加勇敢。薇拉为女性在天文学界的不平等待遇频繁发声，在各种场合阐述女性在行业中的状况（有时会和女儿一起），以及在她的职业生涯中，哪些状况得到了改善，哪些没有。

有一次，她描述了自己的生活和工作是建立在三个基本假设之上的：第一，在科学领域，没有什么问题是男人能解决，而女人不能解决的；第二，整个世界一半的大脑在女性身上；第三，我们都需要得到从事科学工作的许可，但由于一些根深蒂固的历史原因，这种许可往往给予男性而忽视了女性[19]。

这些假设驱使薇拉为她自己和其他面临歧视的科学家辩护。在职业生涯中，她收集了女性如何被男同事对待的令人伤心的故事，这些男性同事是对女性不屑一顾的，充满了大男子主义和性别歧视的精英主义。他们会说，"你们能从事科学研究是因为我们允许你们做"，这是一位后来成为美国科学界的领导人所说的明目张胆的话。

薇拉说："对于这些事情，我们不知道是该笑还是该哭。"

她说，有些故事她要一遍遍地讲述，是因为小女孩们需要榜样，他们需要被告知自己也可以成为天文学家，或者成为其他领域的科学家。当然，长大一点的女孩和女大学生也需要这些榜样。薇拉就此写了许多文章，其中一文写道："科学界的女性，无论是 4 岁、44 岁还是更年长的，都需要勇敢地做自己。"薇拉说："做科学有很多不同的方式，随着科学界变得更加平等，这多样性也会持续增加。"[20]

有必要的时候，薇拉会发出激烈的批评。随着职业生涯的发展，薇拉越来越注重家庭。不过虽然薇拉在家庭和社会活动方面分配的时间更多了，但她并没有完全落下对星系的研究。薇拉与亨特合作，研究了旋涡星系如何在星系团中演化，以及如果附近没有其他星系，星系的演化会有什么样的区别。她与合作者发现在 NGC 4550 中，恒星以两个方向——顺时针和逆时针——围绕星系中心运行。薇拉认为，这是一个罕见的现象，可能是随着时间的推移演化而成的。可能的情况是：星系形成之初，孕育了最早的一批恒星，它们围绕星系核心以某个方向旋转。大约 10 亿年前，该星系吸收了大量气体，而这些气体也是恒星诞生的完美场所，不过这些气体以相反方向围绕星系核心旋转。事实上，理论家们在几十年前就对这类星系建立了物理模型，因此薇拉说，她的团队对一个双向星系的观测使理论家预测不再只是"优雅的好奇心"[21]。

薇拉的一系列研究工作最终为她赢得了重要的认可。1993年，她被授予美国国家科学奖章，以表彰"她在观测宇宙学方面的开创性的研究项目，这些工作证明了宇宙中的大部分物质是黑暗的，并对认识到宇宙比想象中的更复杂、更神秘做出了重大贡献"[22]。同年，她获得了迪克森（Dickson）科学奖。1996年，她被授予（英国）皇家天文学会金质奖章。一年后，薇拉出版了论文集、报告和访谈，这些构成了她的一部自传，名为《璀璨星河中的暗物质》（*Bright Galaxies, Dark Matters*）。这本书记录了薇拉如何迷恋于一个个星系的特质，揭示了她怎样一步步收集无可辩驳的证据，证明"宇宙中的大部分物质是黑暗的"[23]。

书中没有讲的是，薇拉的研究如何作为星星之火点燃寻找暗物质的热潮。在天文学家、宇宙学家和理论家基本同意暗物质的存在之后，许多的研究团组开始计划用空间望远镜间接探测它，或者直接捕捉它（如果暗物质本质上也是一种粒子的话）。他们深挖隧道，设计出精巧的探测器试图捕获暗物质粒子。当然，没有人能想到，甚至薇拉也没有预料到的是，宇宙甚至比我们想象的要黑暗得多……

这一认知在薇拉因暗物质研究工作而收获颇多奖项后不久就出现了。

发现宇宙更加黑暗是在 20 世纪 90 年代末。这个发现源于偶然，当时两个天文学团组开始深入研究一类特殊的超新星。在这类超新星中，两颗恒星相互环绕。一般情况下，一颗是白矮星，另一颗可以是任何类型的正常恒星，只要它的大气延伸到了白矮星的引力可以潮汐瓦解的范围内。当白矮星从伴星处吸积了足够的气体时，就会爆发。这种爆发就是科学家们所说的 Ia 型超新星。

天文学家喜欢研究这类爆发，因为在理论上具有相同的本征亮度（intrinsic brightness）。于是，利用观测到的亮度差异可以确定超新星与地球的距离。这赋予天文学家一个强大的新工具来测量宇宙间的距离。这两个团组决定搜寻极其遥远的 Ia 型超新星及其所属星系，以精确限制哈勃常数，并检验宇宙的膨胀是在减速、加速，还是匀速？如果宇宙正在减速膨胀（这也是天文学家的假设），那么所有的恒星、星系、暗物质以及宇宙中其他东西的质量总和将克服宇宙大爆炸后的膨胀，将宇宙拉回来。但这两个研究团组所发现的事实并非如此。超新星的测量结果表明，宇宙的膨胀正好相反：星系以越来越快的速度相互远离，宇宙正在加速膨胀[24]。有东西在推动着宇宙的膨胀，使得宇宙中的物质彼此远离。迈克尔·特纳从暗物质这一术语中得到启发，决定将驱动宇宙加速膨胀的神秘力量称为暗能量（dark energy）[25]。

这个新的、出乎意料的发现重新唤醒了一个长期存在的宇宙学难题。阿尔伯特·爱因斯坦创立广义相对论的场方程，远远早于哈勃1929年的观测，而当时其他理论家正在猜想宇宙的命运。于是，爱因斯坦在场方程中添加了一个常数，以确保他的理论描述的是一个静态的宇宙，而不是一个正在膨胀或收缩的宇宙。爱因斯坦的"宇宙学常数"使用了真空质量，或者说"真空能量"，以保持宇宙的稳定。在哈勃的观测以及20世纪30年代早期确认宇宙在膨胀之后，爱因斯坦否定了模型对宇宙学常数的需要。爱因斯坦为此感到尴尬，称他未能预言一个动态的宇宙是他"最大的失误"[26]。然而，20世纪末关于超新星的研究工作表明，也许爱因斯坦根本没有犯错，实际上他恰好描述了暗能量的存在。

当天文学家提出暴胀理论（大爆炸后一瞬间宇宙的指数膨胀）时，某种神秘的力量又出现了。暴胀理论预测了类似于"负压"（negative pressure）的东西，与暗能量类似，它将产生一个排斥性的引力场，并在宇宙诞生后的瞬间将宇宙迅速推开。然而，当宇宙刚刚诞生几分之一秒的时候，这种暗能量就会消失。因此，科学家们并不确定暴胀中的负压是否与如今正在加速宇宙膨胀的东西有关。像暗物质一样，暗能量存在的迹象逐渐出现。现在，与暗物质类似，暗能量存在的证据似乎也是无可辩驳。

暗能量有很多引人入胜的地方，比如它的存在可以提高 Ω 的数值。基于新数据，对宇宙构成的重新估算显示，普通物质与暗物质占宇宙质能的约 30%，其余的 70% 都是暗能量。天文学家终于得到了他们想要的宇宙临界密度（$\Omega = 1$），完成了一个平直宇宙的构建。然而，有了暗能量，宇宙的命运将会改变。它将不会以一个不断降低的速率永远膨胀；相反，由于不断的加速，宇宙终将熄灭，甚至可能在大撕裂（Big Rip）中分解。

暗能量十分迷人，它涉及超新星爆炸和宇宙学，这些都是薇拉过去曾经涉猎的。不过，薇拉仍然把研究焦点放在暗物质上，尤其是暗物质在星系中的位置，以及它对星系边缘的恒星和气体的影响。对暗物质孜孜以求使薇拉一次又一次来到望远镜旁。这也是为什么她在年近八旬的时候，冒着 11 月的寒风回到基特峰，再次在巨大的星系边缘寻找恒星和热气体。她想知道：暗物质是在星系的球形晕边缘逐渐消失，还是弥漫于星际空间？

15

最后的良夜

阴郁的乌云笼罩着基特峰的夜空。那是 2007 年 11 月的一个凉爽的夜晚，天气不好，很难看到星星。薇拉拉起大衣拉链，对黛德丽·亨特说："也许温度降低以后，情况会好点。"[1]薇拉看起来有些疲乏，还有些心神不宁。

几小时前，她给鲍勃打了个电话。在过去的 8 年里，鲍勃罹患骨髓瘤，一直与病魔作斗争。大部分时间里，薇拉一直陪在他身边。她放弃出门观测，而是留在 DTM 分析数据，做做研究，那里离他们在华盛顿西北部的家只隔着几个街区。薇拉说，只有这样，当鲍勃需要她的时候，她才可以快速回到他的身边。

薇拉回忆说，过去的数月，大约从 9 月开始，鲍勃恢复得很好，健康状况看着起来改善很多。到了 11 月，她觉得自己可以暂离两周，到基特峰来观测星系 UGC 2885 和 NGC 801。然而在刚刚的电话里，鲍勃说，他正在忍受严重的疼痛。但薇拉却在离家数千英里的地方，无能为力，她觉得十分伤心。

为转移注意力，薇拉看了看天气预报。她与亨特计划进行 14 个夜晚的观测，现在还剩两晚。天气预报说，今晚多云，明天又是局部多云。薇拉大声地自言自语，也许应该在早上离开的。

然后是一阵沉默……

薇拉闭上双眼。过了一会儿，她开始回想起过去的日子，那时候她是个披荆斩棘的开拓者，那时候她一丝不苟地仰望星空，那时候她与寒冷作斗争用双手来引导望远镜寻找目标。薇拉清楚地记得第一次来到基特峰的场景，而那已经过去了将近半个世纪，透过 36 英寸望远镜的目镜，她追踪在天空中运动的恒星，收集银河系的数据。当时的台长尼古拉斯·梅奥尔（Nicholas Mayall）来查看观测的情况，她告诉梅奥尔，望远镜里的星河是多么美妙。梅奥尔脱口而出："这就是把一百万美元投资到山顶后的收获。"[2]

又一声提示音让薇拉的思绪回到现实。

薇拉看向亨特的电脑屏幕，UGC 2885 显示在屏幕上。这是已知的超大型旋涡星系之一，比银河系大 10 倍，直径超过 80 万光年。该星系最外层的恒星自宇宙诞生以来只完成了 7 次公转，而我们的银河系已自转了 50 次左右。薇拉说，尽管完整的旋转次数如此之少，但 UGC 2885 的旋臂却出人意料地平滑且成型。说到这里，她的声音中带着一丝兴奋[3]。

薇拉上次研究 UGC 2885 大约是 20 年前。她惊讶地发现其旋臂具有如此完美的形状，遂提出问题：这样的对称性是如何产生的？薇拉清楚的是，这显然不可能是多次旋转的结果，也许与旋涡星系中的恒星有关。正如薇拉所研究的其他星系一样，在 UGC 2885 的外边缘，气态的恒星摇篮以相近或略大于近处恒星的速度环绕星系中心旋转。

　　这些奇妙的特征是驱使薇拉重上基特峰的原因。不过，可能还有另一个缘故：她觉得自己没有多少次操作观天巨眼来研究天体的机会了。

　　薇拉希望能更好地解释所钟爱的星系的形状、形成和演化。对她而言，不断超越极限完全是理所应当的。先进的探测器和照相机使她认为有可能找到星系最遥远的恒星摇篮，也就是她所热衷的 H Ⅱ 区，那里包含着高温的年轻星。薇拉说，寻找它们可以使星系自转曲线延伸到比当时已知的距离大 3 倍的地方，从而告诉天文学家更多关于牵引恒星的暗物质的信息。

　　即使到了 2007 年，科学家仍然不清楚暗物质是什么。薇拉说，起初人们猜测暗物质是中微子。但是后来的观测证明，中微子太轻了，无法提供如此多的暗物质质量。如果是中微子的话，暗物质的质量就不足以牵引薇拉所观测到的快速运动的恒星。此外，作为大爆炸遗迹，四处游荡的中微子不可能造就如今充满宇宙的、泡状的大尺度星系结构。中微子遂被排除出暗物质候选体之列。

　　接下来登场的是轴子和 WIMP。理论上，这两种亚原子粒子很少与普通物质发生相互作用，而大爆炸有可能已经产生了足够多的亚原子，有可能正是它们构成了暗物质。但是到 2007 年薇拉在望远镜前观测的时候，暗物质探测器还没有捕获到轴子的确切信号。同样，没有人捕获到令人信服的 WIMP 信号。曾有意大利物理学家声称已经探测到了 WIMP（其他的研究人员并没有广泛接受这一结果）。尽管如此，物理学家一直在设计和实施新的实验来寻找暗物质粒子，直到今天。

如此多的科学装置，如此多科学工作者的职业生涯都投入到了这个新的粒子物理学探险中，薇拉说："这是一扇很难关上的门了。"[4] 她对于一个又一个星系进行的看似枯燥的研究是开启暗物质研究之门的钥匙之一，这也说明了她在20世纪60年代开始的研究项目并非那么无聊。她的观测最终说服了科学界，暗物质是星系形成并维系的原因。对星系的观测让天文学家确认了暗物质是真实存在的。

　　2006年，子弹星系团（Bullet Cluster）的数据发布了，这是两个大型星系团剧烈碰撞的遗迹。它为暗物质的存在提供了相当有力的证据。两个星系团发生碰撞是一个极其高能的事件，强度仅次于宇宙大爆炸。来自各星系团的普通物质相互碰撞，在后曳力（类似于空气阻力）的作用下，运动被减缓。暗物质则完全没

图 15.1　薇拉坐在 DTM 的办公室中，作者（左）对她进行访谈

图片来源：史密松学院。

有放慢速度，它在碰撞中继续前进。在一张经过后期处理的著名图片中，可以明显地区分普通物质和暗物质，相关数据来自钱德拉 X 射线天文台（Chandra X-ray observatory）、哈勃空间望远镜和智利的麦哲伦望远镜。在图像中，每个星系团都有一团粉红色物质，两者并排，是普通物质。每个粉色团块的边上都有一个蓝色斑，代表了暗物质，它在星系团中的运动速度比普通物质更快。这个分野为暗物质的存在提供了迄今为止最好的证据[5]。不过，即使到了 2007 年，再次坐在望远镜前观测星系的时候，薇拉也没有坚称星系中绝对存在暗物质。她认为考虑其他的可能性是有意义的，比如 MOND。

MOND 的拥趸继续他们的工作，同时物理学家执着于捕获暗物质粒子，天文学家不断地将新的观测技术用到极致，以探索暗物质在宇宙中的分布。薇拉是这些天文学家中的一员。

与黛德丽合作完成了这次长时间的观测后，薇拉回到家，发现丈夫处于巨大的痛苦中。在与多发性骨髓瘤斗争多年后，他的骨骼已经严重病变。随着时间的推移，他的健康状况持续恶化。

2008 年 1 月，鲍勃离开了人世。

薇拉心痛如绞。她失去了一生的挚爱、生命中的英雄、最好的朋友，一个总是为薇拉的事业着想的人，一个考虑薇拉常常胜过自己的人。薇拉的姐姐露丝·伯格（Ruth Burg）回忆说，鲍勃说话温和、为人谦逊、冷静，在送初中的女儿上学的路上，他会谈论有理数和无理数。在冷战期间，他与被禁止移民到以色列的苏联犹太人秘密接触，运送口服避孕药[6]。他一见薇拉就立刻爱上了她，并且终生不渝，薇拉也是如此，他们的爱从20世纪40年代的家庭晚餐开始。现在，鲍勃先走一步了。

薇拉变得更加内敛了，她把感情深埋在心底，很少讨论起丈夫的去世，即使是和她的姐姐。露丝说，这当然不是因为薇拉对于丈夫的去世没什么感觉，而恰恰由于那是她刻骨铭心的痛。伯格说："鲍勃去世的时候，她自己的病情也就开始恶化了。她从来没有迈过那道坎。"[7]

不过，薇拉继续认真地生活着。这是她唯一能做的，也是她自知应该做的，这是她父亲在她母亲去世时树立的榜样。转移注意力的关键是保持忙碌，所以薇拉在宇宙俱乐部（她现在可以从前门进入了）发表演讲，参加世界科学节，与亨特前往洛厄尔天文台开展研究。在那里，她不仅进行了观测，还分享了自己对星空的热爱，她与亨特一起，向当地的霍皮梅萨学校的学生展示如何使用星图来寻找夜空中的天体。"夜幕降临后，全班同学聚在一起仰望星空，先是用肉眼看，接着对照星图看，然后是用双筒望远镜看，最后用天文望远镜看。"薇拉回忆说，"人群里有沉默，有困惑，有很多提问，还有一些欢呼。在晚上的活动结束之前，有一位很聪明的学生说他想要成为一名天文学家。"

薇拉、黛德丽和其他来自洛厄尔天文台的天文学家还与大约20名中小学教师密切合作，为学生准备活动。薇拉说，所准备的活动不是那些消磨时间的无意义工作，而是"任何天文学家都可能遇到的真实问题"[8]。亨特运营这个项目已经十多年了，给学生和他们的老师一个近距离接触天文学的机会，了解成为一名天文学家意味着什么——如果薇拉年幼的时候有这样的机会，她一定会很高兴。

鲍勃去世后的这次旅行也是薇拉最后一次来到望远镜前。之后，她在 DTM 的办公室里分析她的数据，仍然希望找到更多远离星系核心的恒星，并检查它们的运动速度是否远超万有引力定律的预期。薇拉继续以优雅、谦逊和好奇心激励着学生、青年科学家和科普作家。她总是非常慷慨地留出时间给史密松国家航空航天博物馆，在某个下午，她在演说中完美地阐明这样一个观点：星系中必须存在暗物质，从而使恒星的运动呈现出薇拉所观测的那样。房间里坐满了来自华盛顿特区的学生，他们在博物馆里了解宇宙的奥秘。薇拉在下午与学生见面是为了使他们更好地理解她将在晚上讲座上讨论的科学。

薇拉不仅回答了学生的提问，为了帮助学生们理解星系的旋转，她还与他们进行了一个游戏。她和博物馆的工作人员把学生们领到博物馆的停车场，让他们沿着地面上的圆圈在到中心点的不同距离上排好队。每个学生都代表着星系中的一颗恒星，有的离星系中心较近，有的离得远。然后，学生们开始以同样的速度行走，模拟恒星围绕星系中心旋转。孩子们走了几步后，薇拉告诉他们，他们从里到外不再排成一条直线，而是一条弧线，离中心较近的学生走在较远的学生前面。薇拉让学生们重新排好队，这次要求他们抓住一根坚硬的棍子，将最近的学生和一路往外圈延伸的学生们连接起来。孩子们再次走起来，要求是保持棒子在圆圈的径向上。"没多久，最外圈的孩子们就反对了，因为他们必须走得很快才能跟上内圈的孩子。"博物馆的高级策展人兼天文学史专家大卫·德沃金（David DeVorkin）回忆说。

当晚，孩子们听到薇拉的演讲时，他们从下午的经历中得到启发，可以更好地理解薇拉希望观众思考的问题：为什么星系中更远的星星，运动得比预期的更快？德沃金写道："这个小游戏体现了薇拉的才能。薇拉不仅说明了暗物质使如何被发现的，还激发了孩子们的兴趣。"[9]

在最后一次来到望远镜前的时候，薇拉仍然在寻找位于星系最边缘的那些恒星。她想知道这些恒星是否像博物馆的学生们模拟的那样，要快速运动，跟上较近处恒星的步伐。此外，她也在寻找那些没能跟上步伐的恒星。找到这些恒星将向天文学家揭示星系的暗物质将在哪里开始变得稀薄，如果暗物质存在的话。

这是很重要的一点，因为如果我们星系的暗物质晕触及的距离比部分天文学家所估计的要远，那么它可能大到足以到达仙女星系。那么在宇宙中，星系都有可能延伸到足够远的地方，并与其邻近星系的晕产生交集。有些科学家是这样认为的，薇拉说，果真如此的话，在宇宙的每一个地方，都多少含有暗物质——暗物质不仅神秘，而且无处不在。这是薇拉在最后一次观测中持有的一个想法，而对于天文观测的一丝不苟，薇拉一以贯之。

"站在山巅，仰望星空，那是如此的壮阔美丽，震撼人心。人们常常认为，如果做一件事情的时间足够长，你就会习以为常，渐渐平淡。"薇拉曾经写道，"并非如此。有一种永远存在的好奇心：我们在这方天地里，我们试图了解它。"[10]

后　记

　　在距离地球数亿光年的地方，有一个名为 ESO 323–G064 的星系。它是弥散的恒星、气体与尘埃的集合，天文学家称之为低面亮度（low-surface-brightness）星系。这是薇拉写在天文学科研论文中的最后几个星系之一。到了 80 岁高龄，她还是笔耕不辍，不愿放下星系的研究工作。华盛顿的 DTM 仍然保留着她的办公室。她在 2008 年与黛德丽·亨特前往洛厄尔天文台观测星系，完成了职业生涯的最后一次观测，并与当地的教师和学生进行了互动。那次旅行回来的几个月后，薇拉和其他 4 名天文学家发表了一篇论文，绘制了 ESO 323–G064 中暗物质的分布图。

　　这是一项重要的工作，因为天文学家花了大量时间探索低面亮度的星系。在 20 世纪 90 年代和 21 世纪初，随着天文学家推进暗物质分布的研究（暗物质如何在宇宙中的恒星、气体和尘埃团块中分布，以及如何在整个宇宙尺度上的分布），低面亮度的星系成了星系与宇宙学研究的焦点。对低面亮度星系的观测发现，它们与其他类型的星系是有明显区别的——它们的恒星数量没有璀璨的旋涡星系（如仙女星系）的多。但弥漫的低面亮度星系可以与明亮的旋涡星系一样大，甚至更大，并且其中的恒星无论远近，仍以大致相当的速度在星系中旋转。这表明低面亮度星系中也包含暗物质，而且可能旋涡星系包含了更多的暗物质，虽然人们是通过对旋涡星系的观测才发现暗物质的。依据天文学家的观测，在某些个例中，低面亮度星系有可能几乎完全由暗物质构成。

ESO 323–G064 揭示了一些更引人入胜的现象：它有一个与规则而明亮的旋涡星系类似的中央核球，但围绕着核球的星系盘是暗淡的。这意味着星系盘中的恒星比正常星系要少。即使如此，其中的恒星仍然以相近的速度围绕着星系中心运动。薇拉等人提出，这些速度的一个解释是，在 ESO 323–G064 核心附近，暗物质的数量比明亮的旋涡星系更多。如果 ESO 323–G06 在其核心附近确实有更多的暗物质，那么这一发现会帮助天文学家了解神秘的暗物质在整个宇宙的星系中如何分布[1]。

关于暗物质在宇宙中的分布，另一个线索来自一种被称为矮星系（dwarf galaxy）的低面亮度星系。这类星系的恒星数量只有银河系的 1/4 到 1/2——大约 1000 亿颗，而银河系中大约有 2500 亿到 4000 亿颗恒星。尽管矮星系体积很小，但在宇宙的结构与演化中发挥了重要作用。矮星系被认为是宇宙大爆炸的产物，也是其他更大质量的旋涡星系的基石。薇拉与黛德丽等人不懈探索着小星系和大星系的运行机制和内在关联，直到薇拉在 DTM 的最后时刻。薇拉最后发表的两篇论文所讨论的是她在距离 NGC 801 和 UGC 2885 核心非常、非常遥远的地方寻找恒星。这是薇拉和黛德丽在基特峰和洛厄尔所观测的两个巨大星系，那是薇拉最后两次去往天文台。在洛厄尔，她在望远镜的步道里凝望着星空，细细地品味着每一刻，仿佛知道这将是她最后一次的造访。

在观测时，薇拉仍然十分投入，将望远镜使用到极致。这种坚持得到了回报。分析观测数据之后，薇拉及其合作者报告了距离星系核心约 20 万光年处恒星形成的显著证据。在离星系中心如此遥远的地方，气体十分弥散而稀薄，通常难以坍塌凝结从而形成恒星。当星系边缘的气体分子相距如此之远时，恒星又是如何诞生的，这是薇拉留给后人的另一个谜团[2]。正如普林斯顿理论天体物理学家皮布尔斯所称赞的，她提出的问题比解决的问题更多。

她留下了包括那些问题在内的许多遗产，有一些天体也以她的名字命名。其中她最喜欢的星系之一，巨星系 UCG 2885，被命名为“鲁宾星系”。这是宇宙中已知的最大的旋涡星系，也被称为“哥斯拉星系”。

薇拉一生赢得了许多荣誉。由于对天文学作出的贡献以及在科学界为妇女和少数族裔发声，薇拉获得了许多负有盛名的奖项，包括太平洋天文学会布鲁斯奖章（Bruce Medal of the Astronomical Society of the Pacific）、彼得格鲁伯国际宇宙学奖（Peter Gruber International Cosmology Prize）、美国国家科学奖章、詹姆斯·克雷格·沃森奖章（James Craig Watson Medal）和英国皇家天文学会金质奖奖。在 1828 年卡罗琳·赫歇尔获奖的 168 年之后，薇拉成为第二位获得英国皇家天文学会金质奖章的女性。薇拉也是继她的导师和榜样玛格丽特·伯比奇之后，第二位入选美国国家科学院的女性天文学家。

有一个奖项薇拉没能获得，尽管呼声很高，那就是诺贝尔奖。哈佛大学的理论物理学家丽莎·兰道尔（Lisa Randall）指出，薇拉的工作为暗物质的存在提供了令人信服的证据，进而为探究物质的本质、宇宙的结构与演化打开了大门。"在 20 世纪物理学的所有伟大进步中，薇拉的工作必然名列前茅，获得世界上最卓越的物理学奖项当之无愧。"[3]

反对者认为，薇拉不足以荣获诺贝尔奖，自转曲线是暗物质存在的主要间接证据，但她不是第一个提醒学界注意平坦自转曲线的天文学家。天体物理学家斯科特·特里梅因（Scott Tremaine）曾写道，连薇拉本人也称赞莫特·罗伯茨及其同事指出星系的自转曲线是平坦的。"就像索尔在去往大马士革的路上皈依一样，"斯特梅因说，"鲁宾接受的是一个完全形成的革命性思想，而她只是最有力的倡导者与拥护者之一。"[4]

兰道尔承认，关于薇拉为何没有获奖存在争议。也许星系中的快速旋转是间接证据，不足以完全证明暗物质的存在。也许她不是负责解释平坦自转曲线含义的主要人物。是的，也许她只是不知疲倦地完成暗物质拼图的众多科学家之一。但她确实说服了天文学界，平坦的自转曲线是真实存在的，正如约翰·赫歇尔（John Herschel）的名言，"证明即发现"[5]。

关于薇拉为何没有获得诺贝尔奖的另一个观点是，严格地说暗物质说仍然停留在理论中。我们不知道它的本质是什么，而且部分研究人员正在研究不需要引入暗物质的理论。有的评论者提出，要等到我们确切地知道暗物质本质的时候再颁发世界上最负盛名的诺贝尔奖。但是，对于暗能量的发现，事情却完全相反了。宇宙加速膨胀被发现，科学家们认为这是由暗能量驱动的，领导这一发现的科学家在 2011 年（做出发现的十多年后）获得诺贝尔奖，尽管人们同样不清楚暗能量到底是什么（到现在依然没什么头绪）。薇拉观测的平坦自转曲线为暗物质存在提供了相当有力的证据，类似于宇宙加速膨胀表明暗能量的存在。然而，事实就是薇拉没能获得诺贝尔奖。

也许，薇拉没有获奖的一个原因是性别歧视。兰道尔认为，薇拉因为性别而被忽视了，而且在颁发诺贝尔奖时，她并不是唯一一个被遗忘的女性。罗莎琳·富兰克林（Rosalind Franklin）在 DNA 结构方面的贡献被忽视，发现射电脉冲星的天文学家乔瑟琳·贝尔（Jocelyn Bell）也是如此。核物理学家吴健雄做实验证明了弱相互作用中宇称不守恒，也被遗忘了，而提出实验背后之理论的杨振宁和李政道则一举享有盛誉。后来也有男性科学家因相关的、看似更微妙些的发现而获得了诺贝尔奖。兰道尔认为薇拉被诺贝尔物理学奖忽视，这称得上是一个耻辱，她说："想象一下，她的名字也在获奖者之列的话，她几乎不逊色于任何人。"[6]

薇拉是否值得一个诺贝尔奖，可能会在未来几十年内争论不休。薇拉甚至说过，如果她能获奖，当然会很兴奋，但不确定自己是否真心想得到它。她担心，得奖会改变自己的生活，而且大奖带来的改变并不总是积极的。薇拉的姐姐说："我们认识很多诺贝尔奖得主，我确实看到了诺贝尔奖对他们的生活产生了影响。"获奖并不是很要紧的事，对科学的追求才是。这就是薇拉尽其所能孜孜以求的。她探索星河，她指导科学家和科普作家，包括本书的作者。在她的暮年，每天都在与 2008 年丈夫的去世和 2014 年女儿的去世带来的巨大精神冲击作斗争。这两桩悲剧无疑加剧了她的脑力衰退。

随着时间的流逝，薇拉再也记不起自己几十年来研究过的星系的细节，甚至记不起自己姐姐的容貌。这样的衰退在 2015 年变得最为明显。当时，她的儿子艾伦将薇拉从华盛顿接到了新泽西州的普林斯顿。从 20 世纪 50 年代初起，她和鲍勃几乎一直住在华盛顿。某一天，露丝打电话给薇拉，说自己和丈夫第二天会去看望她。露丝回忆说，她能清楚地听到妹妹声音中的兴奋。当露丝和她的丈夫来看望薇拉时，他们看到薇拉穿着羽绒服呆坐着——天气很冷。

露丝向薇拉打招呼。

薇拉看着她，平静地说："你是谁呀？我在等我的姐姐。"

看到妹妹心智衰退的样子，露丝心如刀割。"这是一场悲剧，"她声音沙哑，强忍泪水，"如果说薇拉有什么害怕的事情，那就是丧失智力。"[7]

薇拉于 2016 年 12 月 25 日辞世。

好奇心、探索和发现都是薇拉留给我们的遗产，许许多多的学生和同事都会说他们的职业生涯受惠于她良多。她的坚持与优雅，将长久地激励着后人。

为了永远地纪念她，火星上的山脊、小行星、星系等都被冠以薇拉的名字，其中还包括第一个以女性名字命名的美国国家天文台，里面有正在建设的最先进的望远镜，可谓当之无愧。天文台总部位于亚利桑那州图森市，距离薇拉作为一名真正的天文学家首次观测星空的地方不远。薇拉·鲁宾天文台的望远镜本身坐落于智利帕琼山的山顶，位于托洛洛山以南仅 10 千米。薇拉在托洛洛山花了不少时间观测星空，寻找与星系自转相关的线索。薇拉·鲁宾天文台的观天之眼将是一个巨大的 8.4 米反射望远镜。它将继承薇拉的遗产与遗志，像薇拉研究星系时所做的那样，仔细巡查宇宙的大片区域。天文台的目标是解决薇拉的研究工作所引发的一系列问题：我们的银河系长什么样？什么是暗物质？暗物质在哪里？暗物质如何塑造宇宙的大尺度结构？除了这些课题，天文台还将进行其他更深入的探索，探索暗能量的本质及其在宇宙时间内的行为方式。也许不久的将来，我们就能获得针对这些问题的数据。如果一切顺利，数年之后，薇拉·C. 鲁宾天文台的圆顶将打开，庞大的望远镜将仰望苍穹。这座观天巨眼将巡视夜空，揭秘宇宙的未解之谜，就像薇拉一生所做的那样。

致　　谢

　　感谢促成本书问世的所有人足够再写一本书。简洁起见，我要感谢：杰米·马修斯（Jermey Matthews），他邀请我为麻省理工学院出版社编写这本书；我的长期指导者汤姆·齐格弗里德（Tom Siegfried），他阅读了每一章的初稿并反馈意见，并且不断地鼓励我可以完成这本书，尤其是在我陷入自我怀疑的时候；大卫·德沃金，在我刚开始担任科普作家时将我引见给薇拉·鲁宾，同时他也提供了宝贵的指导和意见；我在麻省理工学院学习时的导师玛西亚·巴图夏克（Marcia Bartusiak），他初步构思了这本书；天文学家维多利亚·斯特雷特（Victoria Strait）就许多科学技术的细节提供了帮助。我还要感谢鲁宾家族允许我在整个写作过程中与他们通信；薇拉·鲁宾和罗伯特·鲁宾，十多年前，他们抽出宝贵的时间，耐心地回答我的问题；感谢薇拉，在基特峰美国国家天文台观测时准许我陪伴她。最后，非常感谢马克·利特曼（Mark Littmann）博士和伯尼·赫福德（Bonnie Hufford）将我带入科普写作的职业生涯；还有我的家人和朋友，允许我一连好几个小时地向他们分享暗物质、天文学和许多不可思议的科学故事。

注　释

前　言

［1］Vera C. Rubin and Deidre Hunter, "A Search for H（Alpha）Emission in the Far Outer Discs of Extremely Large Spiral Galaxies," 2019, NOAO: Proposal Information for 2007B-0170, November 26（2007）, https://www.noao.edu/perl/abstract?2007B-0170.

［2］Vera C. Rubin, Norbert Thonnard, and W. Kent Ford Jr., "Rotational Properties of 21 Sc Galaxies with a Large Range of Luminosities and Radii, from Ngc 4605 /R = 4kpc/ to Ugc 2885 /R = 122 Kpc/," *Astrophysical Journal* 238（1980）: 471.

［3］Opening adapted from Ashley Yeager, "Vera Rubin's Universe," *Sky and Telescope*（August 2017）.

1　群星的传说

［1］作者对露丝·伯格的电话采访，2020 年 8 月 24 日。

［2］Vera Rubin, "Session I," interview by David DeVorkin, American Institute of Physics, September 21, 1995, www.aip.org/history-programs/niels-bohr-library/oral-histories/5920-1.

［3］Vera C. Rubin, "An Interesting Voyage," *Annual Review of Astronomy and Astrophysics* 49（2011）.

［4］Rubin, "Session I."

［5］Vera Rubin, "Women's Work," *Science* 86（1986）: 58-65.

［6］Renee Bergland, *Maria Mitchell and the Sexing of Science*（Boston: Beacon Press, 2008）: 57.

［7］"For a Kinder, Cooler America," *Attic*, last modified October 3, 2018, accessed October 10, 2019, https://www.theattic.space/home-page-blogs/2018/10/3/miss-mitchellscomet.

[8] Vera Rubin, "Vera Rubin," interview by Alan Lightman, American Institute of Physics, April 3, 1989, www.aip.org/history–programs/niels–bohr–library/oral–histories/33963.

[9] 作者对露丝·伯格的电话采访，2020 年 8 月 24 日。

[10] Harlow Shapley, "Studies Based on the Colors and Magnitudes in Stellar Clusters. XII. Remarks on the Arrangement of the Sidereal Universe," *Astrophysical Journal* 49 (1919) : 311–336.

[11] Harlow Shapley, "On the Existence of External Galaxies," *Publications of the Astronomical Society of the Pacific* 31, no. 183 (1919) : 261.

2　暗物质初露端倪

[1] Gianfranco Bertone and Dan Hooper, "History of Dark Matter," *Review of Modern Physics* 90 (2018) : 045002.

[2] Friedrich Wilhelm Bessel, "On the Variations of the Proper Motions of Procyon and Sirius," *Monthly Notices of the Royal Astronomical Society* 6 (August 1844) : 136.

[3] Davor Krajnović, "The Contrivance of Neptune," *Astronomy and Geophysics* 57, no. 5 (2016) : 5.28–5.34, https://doi.org/10.1093/astrogeo /atw183.

[4] "Precession of the Perihelion of Mercury," Lawrence Berkeley National Laboratory, accessed December 15, 2019, http://aether.lbl.gov /www/classes/p10/gr/ PrecessionperihelionMercury.htm.

[5] Urbain Le Verrier, "Lettre de M. Le Verrier à M. Faye sur la théorie de Mercure et sur le mouvement du périhélie de cette planète," *Comptes rendus hebdomadaires des séances de l'Académie des sciences* (Paris) 49 (1859) : 379–383.

[6] David Malin and Dennis Di Cicco, "Astrophotography—The Amateur Connection, the Roles of Photography in Professional Astronomy, Challenges and Changes" (2010) , https://web.archive.org/web/20090110170500/http://encyclopedia.jrank.org/articles/ pages/1115/Astrophotography.html.

[7] Arthur Cowper Ranyard, *Knowledge* 17 (1894) ; Bertone and Hooper, "History of Dark Matter."

[8] Angelo Secchi, *L'Astronomia in Roma nel pontificato di Pio IX: memoria* (Rome:

Tipografia della Pace, 1877）.

[9] Bertone and Hooper, "History of Dark Matter."

[10] William Thomson Kelvin, "Lecture XVI ," in *Baltimore Lectures on Molecular Dynamics and the Wave Theory of Light*, 260–278（Cambridge: Cambridge University Press, 2010）, https://doi.org/10.1017/CBO9780511694523.020.

[11] Henri Poincaré, "The Milky Way and the Theory of Gases," *Popular Astronomy* 14（1906）.

[12] Henri Poincaré and Henri Vergne, *Leçons Sur les hypothèses cosmogoniques: Professées à la Sorbonne*（Paris: Librairie Scientifique A. Hermann et Fils, 1911）.

[13] Ernst Öpik, "Selective Absorption of Light in Space, and the Dynamics of the Universe," *Bulletin de la Société Astronomique de Russie* 21（1915）.

[14] Jacobus Cornelius Kapteyn, "First Attempt at a Theory of the Arrangement and Motion of the Sidereal System," *Astrophysical Journal* 55（1922）.

[15] James H. Jeans, "The Motions of Stars in a Kapteyn Universe," *Monthly Notices of the Royal Astronomical Society* 82（1922）.

[16] Virginia Trimble, "Existence and Nature of Dark Matter in the Universe," *Annual Review of Astronomy and Astrophysics* 25（1987）.

[17] Jan Hendrik Oort, "The Force Exerted by the Stellar System in the Direction Perpendicular to the Galactic Plane and Some Related Problems," *Bulletin of the Astronomical Institutes of the Netherlands* 6（1932）.

[18] Fritz Zwicky, "Die Rotverschiebung von extragalaktischen Nebeln," *Helvetica Physica Acta* 6（1933）. Bertone and Hooper, "History of Dark Matter."

[19] Sinclair Smith, "The Mass of the Virgo Cluster," *Astrophysical Journal* 83（1936）.

[20] Edwin P. Hubble, *Realm of the Nebulae*（New Haven: Yale University Press 1936）.

[21] Fritz Zwicky, "On the Masses of Nebulae and of Clusters of Nebulae," *Astrophysical Journal* 86（1937）.

[22] Horace W. Babcock, "Spectrographic Observations of the Rotation of the Andromeda Nebula," *Publications of the Astronomical Society of the Pacific*, 50 no. 295（1938）: 174; Horace W. Babcock, "The Rotation of the Andromeda Nebula," *Lick Observatory Bulletins* 498（Berkeley: University of California Press 1939）: 41–51.

［23］Erik Holmberg, "On the Clustering Tendencies among the Nebulae," *Astrophysical Journal* 92（1940）.

3 静待星辰

［1］Vera Rubin, "Session I," interview by David DeVorkin, American Institute of Physics, September 21, 1995, www.aip.org/history-programs/niels-bohr-library/oral-histories/5920-1.

［2］Vera Rubin, "Vera Rubin," interview by Alan Lightman, American Institute of Physics, April 3, 1989, www.aip.org/history-programs/niels-bohr-library/oral-histories/33963.

［3］Rubin, "Session I."

［4］Rubin, "Session I."

［5］Rubin, "Session I."

［6］Rubin, "Session I."

［7］"Woman Hunts Waifs of Sky," *Oakland Tribune*, September 9, 1928, https://www.newspapers.com/clip/3019405/maud_w_makemson_as_a_doctoral_student/.

［8］Rubin, "Session I."

［9］Vera C. Rubin, "An Interesting Voyage," *Annual Review of Astronomy and Astrophysics* 49（2011）.

［10］Rubin, "Session I."

［11］Rubin, "Session I."

［12］Rubin, "Session I."

［13］Vera Rubin, "Vera Rubin," interview by David DeVorkin and Ashley Yeager, American Institute of Physics, July 20, 2007, https://www.aip.org/history-programs/niels-bohr-library/oral-histories/44082.

［14］Rubin, "Session I."

4 线索：旋转的宇宙和射电天文学

［1］Vera Rubin, "Session I," interview by David DeVorkin, American Institute of Physics, September 21, 1995, www.aip.org/history-programs/niels-bohr-library/oral-histories/5920-1.

[2] Rubin, "Session I," 1995.

[3] Rubin, "Session I," 1995.

[4] O. Neugebauer, "The History of Ancient Astronomy Problems and Methods," *Journal of Near Eastern Studies* 4（1945）.

[5] Steven Weinberg, *The First Three Minutes*（New York: Basic Books, 1977）, 128–129.

[6] Ralph Alpher, Hans Bethe, and George Gamow, "The Origin of Chemical Elements," *Physical Review* 73（1948）; Ralph Alpher, "A Neutron–Capture Theory of the Formation and Relative Abundance of the Elements," *Physical Review* 74（1948）; Ralph Alpher, "Origin and Relative Abundance of the Chemical Elements"（George Washington University, 1948）.

[7] George Gamow, *The Creation of the Universe*（New York: Viking Press, 1952）.

[8] Physics CU Boulder, "George Gamow, Gifted Physicist," YouTube, April 1, 2015, https://www.youtube.com/watch?v=Y3wNPzuJuwc.

[9] George Gamow and Edward Teller, "The Expanding Universe and the Origin of the Great Nebulae," *Nature* 143（1939）; George Gamow and Edward Teller, "On the Origin of Great Nebulae," *Physical Review* 55（1939）.

[10] George Gamow, "Rotating Universe?" *Nature* 158（1946）.

[11] Grote Reber, "Notes: Cosmic Static," *Astrophysical Journal* 91（1940）.

[12] Jan Oort, "Jan Oort," interview by David DeVorkin, American Institute of Physics, November 10, 1977, https://www.aip.org/history–programs/niels–bohr–library/oral–histories/4806.

[13] Vera Rubin, "Vera Rubin," interview by David DeVorkin and Ashley Yeager, American Institute of Physics, July 20, 2007, https://www.aip.org/history–programs/niels–bohr–library/oral–histories/44082.

[14] Vera Rubin, "Vera Rubin," interview by Alan Lightman, Ameri– can Institute of Physics, April 3, 1989, www.aip.org/history–programs/niels–bohr–library/oral–histories/33963.

5 追星

[1] Vera Rubin, "Session Ⅱ," interview by David DeVorkin, American Institute of Physics,

May 9, 1996, www.aip.org/history-programs/niels-bohr-library/oral-histories/5920-2.

[2] Vera C. Rubin, "An Interesting Voyage," *Annual Review of Astronomy and Astrophysics* 49（2011）.

[3] Kristine Larsen, "Reminiscences on the Career of Martha Stahr Carpenter: Between a Rock and（Several）Hard Places," *JAAVSO* 40（2012）, http://www.aavso.org/sites/default/files/jaavso/v40n1/51.pdf; J. H. Moore, "Survey of the Year's Work at the Lick Observatory," *Publications of the Astronomical Society of the Pacific* 58, no. 340（1946）.

[4] George Gamow, "Rotating Universe?" *Nature* 158（1946）.

[5] Vera Rubin, "Vera Rubin," interview by Alan Lightman, American Institute of Physics, April 3, 1989, www.aip.org/history-programs/niels-bohr-library/oral-histories/33963.

[6] Rubin, "Session II ."

[7] Rubin, "Vera Rubin," 1989.

[8] Rubin, "Session II ."

[9] Rubin, "Vera Rubin," 1989.

[10] Howard Blakeslee, "Student Says Stars May Show Creation's Center," *Ithaca Journal*, December 30, 1950.

[11] Vera C. Rubin, "Differential Rotation of the Inner Metagalaxy," *Astronomical Journal* 56（1951）.

[12] Rubin, "An Interesting Voyage."

[13] Rubin, "Session II ."

[14] Rubin, "Session II ."

[15] Ralph Alpher, Hans Bethe, and George Gamow, "The Origin of Chemical Elements," *Physical Review* 73（1948）; Ralph Alpher, "A Neutron-Capture Theory of the Formation and Relative Abundance of the Elements," *Physical Review* 74（1948）; Ralph A. Alpher, "Origin and Relative Abundance of the Chemical Elements"（George Washington University, 1948）.

[16] Rubin, "Session II ."

[17] Vera Rubin, "Vera Rubin," interview by David DeVorkin and Ashley Yeager, American Institute of Physics, July 20, 2007, https://www.aip.org/history-programs/niels-bohr-

194

发现暗物质|薇拉·鲁宾的突破之路

library/oral-histories/44082.

[18] Rubin, "Session II."

[19] Rubin, "Session II."

6 团块化的宇宙

[1] Vera Rubin, "Session II," interview by David DeVorkin, American Institute of Physics, May 9, 1996, www.aip.org/history-programs/niels-bohr-library/oral-histories/5920-2.

[2] Vera Rubin, "George Gamow," in *Bright Galaxies, Dark Matters* (Woodbury, NY: American Institute of Physics, 2007) 187.

[3] Rubin, "Session II."

[4] Martin Schwarzschild, letter to Vera Rubin, August 20, 1952, Vera C. Rubin Papers, Manuscript Division, Library of Congress, Washington, DC, Box 29.

[5] Email correspondence from Vera Rubin to Judith Rubin, September 15, 1992.

[6] Rubin, "Vera Rubin—Session II."

[7] Vera Rubin, "Vera Rubin," interview by Alan Lightman, American Institute of Physics, April 3, 1989, www.aip.org/history-programs/niels-bohr-library/oral-histories/33963.

[8] Rubin, "Session II."

[9] Gerard de Vaucouleurs, "Evidence for a Local Supergalaxy," *Astronomical Journal* 58 (1953).

[10] Rubin, "Session II."

[11] Fred Hoyle, "The Synthesis of the Elements from Hydrogen," *Monthly Notices of the Royal Astronomical Society* 106 (1946).

[12] Rubin, "Session II."

[13] Vera C. Rubin, "An Interesting Voyage," *Annual Review of Astronomy and Astrophysics* 49 (2011).

[14] Rubin, "Session II." See also David DeVorkin, "The Changing Place of Red Giant Stars in the Evolutionary Process," *Journal for the History of Astronomy* 37 (2006): 429-469.

[15] Vera C. Rubin, "Fluctuations in the Space Distribution of the Galaxies," *Proceedings of the National Academy of Sciences* 40 (1954).

7 生涯挑战和星系难题

[1] Vera Rubin, "Session Ⅱ ," interview by David DeVorkin, American Institute of Physics, May 9, 1996, www.aip.org/history-programs/niels-bohr-library/oral-histories/5920-2.

[2] Jan H. Oort, "The Structure of the Cloud of Comets Surrounding the Solar System and a Hypothesis Concerning Its Origin," *Bulletin of the Astronomical Institutes of the Netherlands* 11（1950）.

[3] Hugo van Woerden and Richard G. Strom, "The Beginnings of Radio Astronomy in the Netherlands," *Journal of Astronomical History and Heritage* 9（2006）.

[4] J. Oort（in collaboration with C. A Muller）, "Spiral Structure and Interstellar Emission," *Monthly Notes of the Astronomical Society of South Africa* 11（1952）.

[5] Van Woerden and Strom, "The Beginnings of Radio Astronomy."

[6] Vera C. Rubin, "The Form of the Galactic Spiral Arms from a Modified Oort Theory," *Astronomical Journal* 60（1955）.

[7] Vera Rubin, "Vera Rubin," interview by David DeVorkin and Ashley Yeager, American Institute of Physics, July 20, 2007, https://www.aip.org/history-programs/niels-bohr-library/oral-histories /44082.

[8] E. Margaret Burbidge, "E. Margaret Burbidge," interview by David DeVorkin, American Institute of Physics, July 13, 1978, www.aip.org/history-programs/niels-bohr-library/oral-histories/25487.

[9] Vera C. Rubin, "E. Margaret Burbidge," in *Bright Galaxies, Dark Matters*（Woodbury, NY: American Institute of Physics, 2007）, 191.

[10] Fred Hoyle, William A. Fowler, Geoffrey R. Burbidge, and E. Margaret Burbidge, "Origin of the Elements in Stars," Science 124（1956）.

[11] E. Margaret Burbidge and Geoffrey R. Burbidge, "Rotation and Internal Motions in NGC 5128," *Astrophysical Journal* 129（1959）.

[12] Rubin, "Vera Rubin."

[13] Maud Makemson, letter to Vera Rubin, 1957, Vera C. Rubin Papers, Manuscript Division, Library of Congress, Washington, DC, Box 29.

[14] Vera C. Rubin, "Solar Limb Darkening Determined from Eclipse Observations,"

Astrophysical Journal 129（1959）.

［15］Vera C. Rubin, "An Interesting Voyage," *Annual Review of Astronomy and Astrophysics* 49（2011）.

［16］艾伦·鲁宾写给作者的电子邮件，2020 年 8 月 18 日。

［17］Rubin, "An Interesting Voyage."

［18］Vera C. Rubin, "Evolution of the Galactic System," *Physics Today* 13（1960）.

［19］Vera Rubin, letter to Gérard de Vaucouleurs, November 12, 1960, Vera C. Rubin Papers, Manuscript Division, Library of Congress, Washington, DC.

［20］V. A. Ambartsumian, "Multiple Systems of Trapezium type," *Soobshcheniya Byurakanskoj Observatorii Akademiya Nauk Armyanskoj SSR Erevan* 15（1954）.

［21］Jim Peebles, *Cosmology's Century*（Princeton, NJ: Princeton University Press, 2020）.

［22］Jerzy Neyman, Thornton Page, and Elizabeth Scott, "Conference on the Instability of Systems of Galaxies," *Astronomical Journal* 66（1961）.

［23］Neyman et al., "Conference on the Instability of Systems of Galaxies."

8　牛刀小试

［1］Vera C. Rubin, J. Burley, A. Kiasatpoor, B. Klock, B. G. Pease, E. Rutscheidt, and C. Smith, "Comparison of Radio and Optical Radial Velocity Data in the Vicinity of the Sun," *Astronomical Journal* 67（1962）.

［2］Vera Rubin, J. Burley, A. Kiasatpoor, B Klock, G. Pease, E. Rutscheidt, and C. Smith, "Kinematic Studies of Early-Type Stars. I. Photometric Survey, Space Motions, and Comparison with Radio Observations," *Astronomical Journal* 67（1962）.

［3］Vera C. Rubin, "An Interesting Voyage," *Annual Review of Astronomy and Astrophysics* 49（2011）.

［4］S. Stephens, "An Unconventional Career," *Mercury* 21（1992）.

［5］Rubin, "An Interesting Voyage."

［6］Allan Sandage, "Current Problems in the Extragalactic Distance Scale," *Astrophysical Journal* 127（1958）.

［7］Vera Rubin, "Vera Rubin," interview by David DeVorkin and Ashley Yeager, American

Institute of Physics, July 20, 2007, https://www.aip.org/history-programs/niels-bohr-library/oral-histories/44082.

［8］Rubin, "An Interesting Voyage."

［9］Rubin, "Vera Rubin."

［10］David S. Evans and J. Derral Mulholland, *Big and Bright: A History of the McDonald Observatory*（Austin: University of Texas Press, 2013）.

［11］Rubin, "An Interesting Voyage."

9 真正的天文学家

［1］作者对薇拉·鲁宾的采访，2007 年 11 月 12 — 14 日，基特峰美国国家天文台。

［2］Vera C. Rubin, "An Interesting Voyage," *Annual Review of Astronomy and Astrophysics* 49（2011）.

［3］Vera Rubin, "Vera Rubin," interview by David DeVorkin and Ashley Yeager, American Institute of Physics, July 20, 2007, https://www.aip.org/history-programs/niels-bohr-library/oral-histories/44082.

［4］Rubin, "Vera Rubin."

［5］Vera C. Rubin, E. Margaret Burbidge, Geoffrey R. Burbidge, D. J. Crampin, and Kevin H. Prendergast, "The Rotation and Mass of NGC 7331," *Astrophysical Journal* 141(1964).

［6］作者对肯特·福特的电话采访，2007 年 10 月 31 日，马萨诸塞州。

［7］艾伦·鲁宾写给作者的电子邮件，2019 年 11 月 18 日。

［8］作者对肯特·福特的电话采访，2007 年 10 月 31 日，马萨诸塞州。

［9］作者对肯特·福特的电话采访，2007 年 10 月 31 日，马萨诸塞州。

［10］Vera Rubin, "Session II," interview by David DeVorkin, American Institute of Physics, May 9, 1996, www.aip.org/history-programs/niels-bohr-library/oral-histories/5920-2.

［11］Rubin, "An Interesting Voyage."

［12］Vera C. Rubin and Kent W. Ford, "Image Tube Spectra of Quasi-Stellar Objects," *Astronomical Journal* 71（1966）.

［13］Kent Ford, "W. Kent Ford, Jr.," interview by David DeVorkin and Shaun Hardy, American Institute of Physics, October 25, 2013, www.aip.org/history-programs/niels-bohr-library/oral-histories/43241.

［14］Rubin, "An Interesting Voyage."

［15］作者对薇拉·鲁宾的采访，2007 年 11 月 12—14 日，基特峰美国国家天文台。

10 仙女星系的年轻热恒星

［1］Morton S. Roberts, "A High-Resolution 21-CM Hydrogen-Line Survey of the Andromeda Nebula," *Astrophysical Journal* 144（1966）: 639.

［2］作者对薇拉·鲁宾的采访，2007 年 11 月 12—14 日，基特峰美国国家天文台。

［3］Vera Rubin, "Vera Rubin," interview by David DeVorkin and Ashley Yeager, American Institute of Physics, July 20, 2007, https://www.aip.org/history-programs/niels-bohr-library/oral-histories/44082.

［4］Horace W. Babcock, "Spectrographic Observations of the Rotation of the Andromeda Nebula," *Publications of the Astronomical Society of the Pacific* 50, no. 295（1938）: 174; Horace W. Babcock, "The Rotation of the Andromeda Nebula," *Lick Observatory Bulletins* 498（1939）: 41-51.

［5］作者对薇拉·鲁宾的采访，2007 年 11 月 12—14 日，基特峰美国国家天文台。

［6］Vera C. Rubin, "An Interesting Voyage," *Annual Review of Astronomy and Astrophysics* 49（2011）: 1-28.

［7］Rubin, "An Interesting Voyage."

［8］Rubin, "An Interesting Voyage."

［9］作者对薇拉·鲁宾的采访，2007 年 11 月 12—14 日，基特峰美国国家天文台。

［10］艾伦·鲁宾写给作者的电子邮件，2019 年 11 月 18 日。

［11］Vera C. Rubin and Kent W. Ford Jr., "Rotation of the Andromeda Nebula from a Spectroscopic Survey of Emission Regions," *Astrophysical Journal* 159（1970）: 379.

［12］Ken C. Freeman, "On the Disks of Spiral and S0 Galaxies," *Astrophysical Journal* 160（1970）: 811.

［13］"How Dark Matter Became a Particle," CERN Courier 57:4（2017）: 26-33, https://cds.cern.ch/record/2265254.

［14］Kent W. Ford Jr., Vera C. Rubin, and Morton S. Roberts, "A Comparison of 21-cm Radial Velocities and Optical Radial Velocities of Galaxies," *Astronomical Journal* 76（1971）: 22-24.

［15］Sandra Faber, "Sandra Faber," interview by Alan Lightman, American Institute of Physics, October 15, 1988, www.aip.org/history-programs/niels-bohr-library/oral-histories/33932.

［16］Faber, "Sandra Faber."

11 我们看不见的物质

［1］Marcia Bartusiak, *Black Hole* (New Haven, CT: Yale University Press, 2015) .

［2］Seth Shostak, "Aperture Synthesis Observations of Neutral Hydrogen in Three Galaxies" (PhD diss., California Institute of Technology, 1972) .

［3］David H. Rogstad and Seth G. Shostak, "Gross Properties of Five Scd Galaxies as Determined from 21-Centimeter Observations," *Astrophysical Journal* 176 (1972) : 315.

［4］作者对塞斯·肖斯塔克的电话采访，2020 年 3 月 10 日。

［5］Vera C. Rubin and John M. Losee, "A Finding List of Faint Blue Stars in the Anticenter Region of the Galaxy," *Astronomical Journal* 76 (1971) : 1099–1101.

［6］Morton S. Roberts and Arnold H. Rots, "Comparison of Rotation Curves of Different Galaxy Types," *Astronomy and Astrophysics* 26 (1973) : 483–485.

［7］Alar Toomre, "On the Gravitational Stability of a Disk of Stars," *Astrophysical Journal* 139 (1964) : 1217–1238.

［8］Frank Hohl, "Dynamical Evolution of Disk Galaxies," NASA Tech. Rep., NASA-TR R-343 (1970) .

［9］Richard H. Miller, Kevin H. Prendergast, and William J. Quirk, "Numerical Experiments on Spiral Structure," *Astrophysical Journal* 161 (1970) : 903–916.

［10］Hohl, "Dynamical Evolution of Disk Galaxies," 1970.

［11］P. J. E. Peebles, *Cosmology's Century: An Inside History of Our Modern Understanding of the Universe* (Princeton, NJ: Princeton University Press, 2020) .

［12］A. Penzias and R. W. Wilson, "A Measurement of Excess Antenna Temperature At 4080 Mc/s," *Astrophysical Journal Letters* 142 (1965) ; R. H. Dicke, P. J. E. Peebles, P. J., Roll, and D. T. Wilkinson, "Cosmic Black-Body Radiation," *Astrophysical Journal Letters* 142 (1965) .

［13］Peebles, *Cosmology's Century.*

［14］P. J. E. Peebles, "Structure of the Coma Cluster of Galaxies," *Astronomical Journal* 75（1970）: 13.

［15］Jeremiah P. Ostriker and P. J. E. Peebles, "A Numerical Study of the Stability of Flattened Galaxies: or, Can Cold Galaxies Survive?" *Astrophysical Journal* 186（1973）: 467–480.

［16］Peebles, *Cosmology's Century.*

［17］Jaan Einasto, Ants Kaasik, and Enn Saar, "Dynamic Evidence on Massive Coronas of Galaxies," *Nature* 250,（1974）: 309–310.

［18］作者对耶利米·欧斯垂克的电话采访，2020 年 3 月 13 日。

［19］Carl Sagan, "Encyclopaedia Galactica," *Cosmos: A Personal Voyage*, episode 12, aired December 14, 1980, on PBS.

［20］Jeremiah P. Ostriker, P. J. E. Peebles, and Amos Yahil, "The Size and Mass of Galaxies, and the Mass of the Universe," *Astrophysical Journal* 193（1974）: 1.

12　超越所见

［1］Norbert Thonnard to Vera Rubin, postcard, December 8, 1980, Vera C. Rubin Papers, Manuscript Division, Library of Congress, Washington, DC.

［2］W. L. Peters Ⅲ, "Models for the Inner Regions of the Galaxy. I. An Elliptical Streamline Model," *Astrophysical Journal* 195（1975）, 617–629.

［3］C. J. Peterson, V. C. Rubin, W. K. Ford Jr., and N. Thonnard, "Motions of the Stars and Excited Gas in the Barred Spiral Galaxy 3351," *Bulletin of the American Astronomical Society* 7（1976）: 538.

［4］Vera C. Rubin and Robert J. Rubin, "Early Observations of the Crab Nebula as a Nebula," *Bulletin of the American Astronomical Society* 5（1973）: 411.

［5］Vera C. Rubin, Kent Ford, and Judith Rubin, "A Curious Distribution of Radial Velocities of SCi Galaxies with $14.0 \leq M \leq 15.0$," *Astrophysical Journal* 183（1973）: L111.

［6］Laurent Nottale and Hiroshi Karoji, "Possible Implications of the Rubin–Ford Effect," *Nature* 31–33（1976）.

［ 7 ］ S. M. Fall and B. J. T. Jones, "Isotropic Cosmic Expansion and the Rubin–Ford Effect," *Nature* 262 （1976）: 457–460.

［ 8 ］ Rubin et al., "A Curious Distribution of Radial Velocities."

［ 9 ］ Jim Peebles, interview by Christopher Smeenk, April 4, 2002, Niels Bohr Library and Archives, American Institute of Physics, College Park, MD, http://www.aip.org/history-programs/niels–bohr–library/oral–histories/25507–1.

［ 10 ］ Peebles interview.

［ 11 ］ D. L. Hawley and P. J. E. Peebles, "Distribution of Observed Orientations of Galaxies," *Astronomical Journal* 80 （1975）: 477–491.

［ 12 ］ P. J. E. Peebles, "The Peculiar Velocity Field in the Local Supercluster," *Astrophysical Journal* 205 （1976）: 318–328.

［ 13 ］ V. C. Rubin, W. Kent Ford Jr., Norbert Thonnard, Morton S. Roberts, and John A. Graham, "Motion of the Galaxy and the Local Group Determined from the Velocity Anisotropy of Distant SC I Galaxies. I. The Data," *Astronomical Journal* 81 （1976）: 687–718; V. C. Rubin, W. Kent Ford Jr., Norbert Thonnard, Morton S. Roberts, and John A. Graham, "Motion of the Galaxy and the Local Group Determined from the Velocity Anisotropy of Distant SC I Galaxies. II . The Analysis for the Motion," *Astronomical Journal* 81 （1976）: 719–737.

［ 14 ］ "Rubin–Ford Effect," in *A Dictionary of Astronomy*, 2nd rev. ed., ed. Ian Redpath （Oxford: Oxford University Press, 2016）, 406.

［ 15 ］ Martin Clutton–Brock and Phillip James Edwin Peebles, "Galaxy Clustering and the Rubin–Ford Effect," *Astronomical Journal* 86 （1981）: 1115–1119.

［ 16 ］ Clutton–Brock and Peebles, "Galaxy Clustering and the Rubin–Ford Effect."

［ 17 ］ Gregory Bothun, *Modern Cosmological Observations and Problems* （Boca Raton, FL: CRC Press, 1998）, 118.

［ 18 ］ D. T. Emerson and J. E. Baldwin, "The Rotation Curve and Mass Distribution in M31," *Monthly Notices of the Royal Astronomical Society* 165, No. 1 （1973）: 9–13.

［ 19 ］ G. Burbidge, "On the Masses and Relative Velocities of Galaxies," *Astrophysical Journal* 196 （1975）: L7–L10.

［ 20 ］ V. C. Rubin, C. J. Peterson, and W. K. Ford Jr., "The Rotation Curve of the E7/SO

Galaxy NGC 3115," *Bulletin of the American Astronomical Society* 8（1976）: 297.

[21] Jim Peebles, "Vera's Challenge to Modern Cosmology," Rubin Symposium, June 24, 2019.

[22] V. C. Rubin, W. K. Ford Jr., C. J. Peterson, and J. H. Oort, "New Observations of the NGC 1275 Phenomenon," *Astrophysical Journal* 211（1977）: 693–696.

[23] 作者对诺伯特·索纳德的电话采访，2008 年 1 月 18 日。

[24] V. C. Rubin, W. K. Ford Jr., and N. Thonnard, "Extended Rotation Curves of High–Luminosity Spiral Galaxies. IV. Systematic Dynamical Properties, Sa → Sc," *Astrophysical Journal* 225（1978）: L107–L111.

[25] S. M. Faber and J. S. Gallagher, "Masses and Mass–to–Light Ratios of Galaxies," *Annual Review of Astronomy and Astrophysics* 17（1979）: 135–187.

[26] Thomas S. Kuhn, *The Structure of Scientific Revolutions*（Chicago: University of Chicago Press, 1970）, 54.

[27] Vera Rubin, interview by Ashley Yeager, Kitt Peak National Observatory, November 12–14, 2007. V. C. Rubin, W. K. Ford Jr., and N. Thonnard, "Rotational Properties of 21 SC Galaxies with a Large Range of Luminosities and Radii, from NGC 4605（R= 4kpc）to UGC 2885（R=122kpc），" *Astrophysical Journal* 238（1980）: 471–487.

[28] Jim Peebles, "Vera's Challenge to Modern Cosmology," June 2019.

[29] Norbert Thonnard to Rubin, postcard.

[30] Vera Rubin, "Vera Rubin," interview by David DeVorkin and Ashley Yeager, American Institute of Physics, July 20, 2007, https://www.aip.org/history–programs/niels–bohr–library/oral–histories/44082.

13　暗物质的本质

[1] Vera C. Rubin, "Dark Matter in the Universe," in *Highlights of Astronomy*, vol. 7: *Proceedings of the Nineteenth IAU General Assembly*（Dordrecht: D. Reidel, 1986）.

[2] François Schweizer, Bradley Whitmore, and Vera C. Rubin, "Colliding and Merging Galaxies. II . SO Galaxies with Polar Rings," *Astronomical Journal* 88（1983）.

[3] Woodruff T. Sullivan III , *Cosmic Noise: A History of Early Radio Astronomy*（Cambridge: Cambridge University Press, 2009）.

［4］作者对耶利米·欧斯垂克的电话采访，2020 年 3 月 13 日。

［5］Vera Rubin, "Stars, Galaxies, Cosmos: The Past Decade, the Next Decade," *Science* 209
（1980）.

［6］Morton S. Roberts and Robert N. Whitehurst, "The Rotation Curve and Geometry of M31
at Large Galactocentric Distances," *Astrophysical Journal* 201（1975）. S. D. M. White
and M. J. Rees, "Core Condensation in Heavy Halos: A Two-Stage Theory for Galaxy
Formation and Clustering," *Monthly Notices of the Royal Astronomical Society* 183
（1978）.

［7］P. J. E. Peebles, *Cosmology's Century*（Princeton, NJ: Princeton University Press,
2020）.

［8］Douglas N. C. Lin and Sandra M. Faber, "Some Implications of Nonluminous Matter in
Dwarf Spheroidal Galaxies," *Astrophysical Journal* 266（1983）: L21–L25.

［9］Peebles, *Cosmology's Century*.

［10］James Gunn, Ben W. Lee, Ian Lerche, David N. Schramm, Gary Steigman, "Some
Astrophysical Consequences of the Existence of a Heavy Stable Neutral Lepton,"
Astrophysical Journal 223（1978）.

［11］Frank Wilczek, "The Birth of Axions," *Current Contents* 16（1991）.

［12］James Ipser and Pierre Sikivie, "Can Galactic Halos Be Made of Axions?" *Physical
Review Letters* 50（1983）.

［13］Mordehai Milgrom, "A Modification of the Newtonian Dynamics as a Possible
Alternative to the Hidden Mass Hypothesis," *Astrophysical Journal* 270（1983）.

［14］Rubin, "Dark Matter in the Universe."

14　天文学界的性别歧视和更加黑暗的宇宙

［1］Maiken Scott, "Vera Rubin's Son Reflects on How She Paved the Way for Women,"
WHYY, January 12, 2017.

［2］"An Unconventional Career," in *Bright Galaxies, Dark Matters*（New York: American
Institute of Physics and Springer, 1997）: 153–163.

［3］Anne Cowley et al., "Report to the Council of the AAS from the Working Group on the
Status of Women in Astronomy," *American Astronomical Society Bulletin* 6, no. 3, pt. II

（1974）: 412–423.

［4］Cowley et al., "Report to the Council of the AAS."

［5］Ben Skuse, "Celebrating Astronomer Margaret Burbidge, 1919–2020," *Sky and Telescope*, April 6, 2020, https://skyandtelescope.org/astronomy–news/happy–birthday–margaret–burbidge/.

［6］Stephens, "An Unconventional Career."

［7］Vera Rubin, "Sexism in Science," *Physics Today* 31（1978）: 13.

［8］Vera C. Rubin, "Male World of Physics?" *Physics Today* 35, No. 5（1982）: 121.

［9］作者对露丝·伯格的电话采访，2020 年 8 月 24 日。

［10］Rubin, Bright Galaxies, *Dark Matters*, 172.

［11］R. Giovanelli, M. P. Haynes, V. C. Rubin, and W. K. Ford Jr., "UGC 12591: The Most Rapidly Rotating Disk Galaxy," *Astrophysical Journal Letters* 301（1986）: L7.

［12］Deidre Hunter, Vera C. Rubin, and John S. Gallagher, "Optical Rotation Velocities and Images of the Spiral Galaxy NGC 3198," *Astronomical Journal* 91（1986）: 1086–1090.

［13］D. Burstein, V. C. Rubin, W. K. Ford Jr., and B. C. Whitmore, "Is the Distribution of Mass within Spiral Galaxies a Function of Galaxy Environment?" *Astrophysical Journal Letters* 305（1986）: L11.

［14］Vera Rubin, "Coherent Large Scale Motions from a New Sample of Spiral Galaxies," in *Large Scale Structures of the Universe: Proceedings of the 130th Symposium of the International Astronomical Union*, ed. Jean Audouze, Marie–Christine Pelletan, and Sandor Szalay（Dordrecht: Kluwer, 1988）, 181.

［15］Walter Sullivan, "New View of Universe Shows Sea of Bubbles to Which Stars Cling," *New York Times*, January 5, 1986.

［16］Vera C. Rubin, "The Local Supercluster and Anisotropy of the Redshifts," in: Corwin H.G., Bottinelli L.（eds）*The World of Galaxies*（New York: Springer–Verlag, 1989）, 431–451, 452.

［17］Damond Benningfield, "Vera Rubin," *StarDate*（September/October 1989）.

［18］艾伦·鲁宾写给作者的电子邮件，2020 年 6 月 24 日。

［19］Rubin, *Bright Galaxies, Dark Matters*, 173.

［20］Rubin, *Bright Galaxies, Dark Matters*, 173.

［21］Vera C. Rubin, J. A. Graham, Jeffrey D. P. Kenney, "Cospatial Counterrotating Stellar Disks in the Virgo E7/S0 Galaxy NGC 4550," *Astrophysical Journal Letters* 394 （1992）: L9.

［22］"National Science Foundation—Where Discoveries Begin." National Medal of Science 50th Anniversary, National Science Foundation, accessed June 1, 2020, at www.nsf.gov/news/special_reports/medalofscience50/rubin.jsp.

［23］Rubin, *Bright Galaxies, Dark Matters*, xii.

［24］Adam Riess et al., "Observational Evidence from Supernovae for an Accelerating Universe and a Cosmological Constant," *Astronomical Journal* 116, no. 3 （1998）: 1009–1038; Saul Perlmutter et al., "Measurements of Omega and Lambda from 42 High Redshift Supernovae," *Astrophysical Journal* 517, No. 2 （1999）: 565–586.

［25］S. Perlmutter, M. Turner, and M. White, "Constraining Dark Energy with Type Ia Supernovae and Large–Scale Structure," *Physical Review Letters* 83, No. 4 （1999）: 670–673.

［26］George Gamow, *My World Line: An Informal Autobiography* （New York: Viking Press, 1970）, 44.

15 最后的良夜

［1］作者对薇拉·鲁宾的采访，2007 年 11 月 12 — 14 日，基特峰美国国家天文台。

［2］作者对薇拉·鲁宾的采访，2007 年 11 月 12 — 14 日，基特峰美国国家天文台。

［3］作者对薇拉·鲁宾的采访，2007 年 11 月 12 — 14 日，基特峰美国国家天文台。

［4］作者对薇拉·鲁宾的采访，2007 年 11 月 12 — 14 日，基特峰美国国家天文台。

［5］Chandra X–ray Observatory, "NASA Finds Direct Proof of Dark Matter," Harvard–Smithsonian Center for Astrophysics, August 21, 2006, https://www.chandra.harvard.edu/photo/2006/1e0657/.

［6］Patricia Sullivan, "Robert J. Rubin, 81; Scientist Whose Work Combined Disciplines," *Washington Post*, February 5, 2008.

［7］作者对露丝·伯格的电话采访，2020 年 8 月 24 日。

［8］Vera C. Rubin, "An Interesting Voyage," *Annual Review of Astronomy and Astrophysics*

49（2011）: 1–28.

[9] David DeVorkin, "Capturing the Essence of Astronomer Vera Rubin," Smithsonian Air and Space Museum, December 30, 2016, https:// airandspace.si.edu/stories/editorial/ capturing–essence–astronomer–vera–rubin.

[10] Vera Rubin, letter to David Andrews, n.d., Vera C. Rubin Papers, Manuscript Division, Library of Congress, Washington, DC.

后　记

[1] Lodovico Coccato et al., "VIMOS–VLT Integral Field Kinematics of the Giant Low Surface Brightness Galaxy ESO 323–G064," *Astronomy and Astrophysics* 490, no. 2 （2008）589–600.

[2] Allison Ashburn, Deidre A. Hunter, and Vera C. Rubin, "Star Formation in the Extreme Outer Disks of Giant Spiral Galaxies," American Astronomical Society Meeting 22, id.146.05（2013）.

[3] Lisa Randall, "Why Vera Rubin Deserved a Nobel," *New York Times*, January 4, 2017.

[4] Scott Tremaine, "Explaining a Few Discoveries," *Physics Today* 70, no. 9（2017）: 12.

[5] David Gooding, "'He Who Proves, Discovers': John Herschel, William Pepys and the Faraday Effect," *Notes and Records of the Royal Society of London* 39, no. 2（1985）: 229–244.

[6] Randall, "Why Vera Rubin Deserved a Nobel."

[7] 作者对露丝·伯格的电话采访，2020 年 8 月 24 日。